AF274623

Guía para el docente y solucionarios

Dinamización, programación y desarrollo de acciones culturales

Editado por: IC Editorial
c/ Cueva de Viera, 2, Local 3
Centro Negocios CADI
29200 Antequera (Málaga)
Teléfono: 952 70 60 04
Fax: 952 84 55 03
Correo electrónico: iceditorial@iceditorial.com
Internet: www.iceditorial.com

Guía para el docente y solucionarios:
Dinamización, programación y desarrollo de acciones culturales

1ª Edición

© IC Editorial 2023

IC Editorial ha puesto el máximo empeño en ofrecer una
información completa y precisa. Sin embargo, no asume
ninguna responsabilidad derivada de su uso, ni tampoco la
violación de patentes ni otros derechos de terceras partes
que pudieran ocurrir. Mediante esta publicación se pretende
proporcionar unos conocimientos precisos y acreditados sobre
el tema tratado. Su venta no supone para IC Editorial ninguna
forma de asistencia legal, administrativa ni de ningún otro tipo.

Reservados todos los derechos de publicación en cualquier
idioma.

Según el Código Penal vigente ninguna parte de este o
cualquier otro libro puede ser reproducida, grabada en alguno
de los sistemas de almacenamiento existentes o transmitida
por cualquier procedimiento, ya sea electrónico, mecánico,
reprográfico, magnético o cualquier otro, sin autorización
previa y por escrito de INNOVACIÓN Y CUALIFICACIÓN, S. L.;
su contenido está protegido por la Ley vigente que establece
penas de prisión y/o multas a quienes intencionadamente
reprodujeren o plagiaren, en todo o en parte, una obra literaria,
artística o científica.

ISBN: 978-84-1184-265-5
Depósito Legal: MA 1775-2023

Impresión: PODiPrint
Impreso en Andalucía - España

Índice

Bloque 1
Guía para el docente: técnicas de enseñanza y aprendizaje

Contenido

1. Introducción

El presente capítulo está destinado a ofrecer al cuerpo docente responsable de la enseñanza del programa de cualificaciones profesionales y certificados de profesionalidad, una guía metodológica para obtener el máximo rendimiento de los contenidos formativos que han sido desarrollados para el presente título.

La mejora de las habilidades comunicativas y la aplicación de una metodología contrastada de enseñanza, aprendizaje y evaluación permitirá transmitir el conocimiento y adquirir el programa formativo de la forma más efectiva y práctica posible.

Estudiaremos cuáles son los principales elementos que forman parte de la comunicación profesor-alumno, a través de una cuidada selección de sistemas de planificación de estrategias didácticas, así como la utilización de medios y recursos didácticos.

La integración de todas las actividades planificadas alrededor de un plan de formación adaptado e individualizado, aumentará además la satisfacción del alumnado por la utilización de un sistema no lineal e interactivo que se retroalimenta gracias a la relación establecida entre la propia metodología y los actores que forman parte de la enseñanza.

2. El programa de formación

Una de las claves del éxito de la mayoría de las actividades que se realizan en general, y concretamente en la formación, es la **programación.** Es necesaria la programación de las acciones formativas, para que así se pueda alcanzar el objetivo final, es decir, que el alumno obtenga una buena capacitación y adquiera nuevos conocimientos en su repertorio y que, después, sea capaz de emplearlos en su trabajo.

2.1. Definición de programación

Cuando se habla de **programación,** se pueden encontrar multitud de definiciones. Para sintetizar, se podría definir como la actividad de enunciar lo que se quiere hacer (objetivos, contenidos, métodos, temporalización, medios y recursos didácticos y evaluación).

 Definición

Programación

Es un plan donde se establecen las acciones que se van a realizar en un proceso de enseñanza-aprendizaje, por medio de un formador o un equipo.

A continuación, se va a describir una serie de características que tiene que tener una programación didáctica:

- Dinámica. Una programación no es estática ni está acabada, siempre está en constante revisión, de ahí su dinamismo. Además va cambiando o evolucionando según los resultados de la evaluación continua que se va realizando durante la ejecución de la acción.
- Flexible. Esta característica permite que se puedan hacer cambios, ampliaciones, reducciones y actualizaciones de los contenidos y actividades programadas, según las necesidades que se observen.
- Creativa. La programación como es un diseño propio y exclusivo, exige creatividad y originalidad. El docente es el que decide sobre el quehacer en el aula teniendo en cuenta las características del grupo, las necesidades que se pretenden satisfacer y las propias posibilidades.
- Prospectiva. La programación consiste en hacer un pronóstico de la interacción que se va a producir en el aula.

- Sistemática. La programación es un proceso sistematizador que da coherencia a la acción formativa, ya que tiene en cuenta todos los elementos (objetivos, contenidos, métodos, temporalización, medios y recursos pedagógicos y evaluación) que intervienen en el acto educativo y analiza sus relaciones.
- Integradora. Permite integrar elementos de cualificación técnico-profesionales con elementos de cualificación personal de alumnado.
- Funcional. Toda programación debe basarse en el perfil profesional de la ocupación y estructurar los contenidos formativos que proporcionan las competencias de ésta.

2.2. Elementos de la programación

Antes de empezar cualquier programación formativa, es necesario tener en cuenta los datos obtenidos del análisis de la ocupación y del grupo al que se dirige la acción formativa. A partir de esta información, se determinan los elementos que van a conformar la programación.

Cuando se realiza la programación de un curso, hay que plantearse previamente las siguientes preguntas:

1. ¿Qué quiero conseguir con la formación?	**OBJETIVOS**
2. ¿Qué conocimientos deben asimilar los alumnos para alcanzar los objetivos propuestos?	**CONTENIDOS DEL CURSO**
3. ¿Cómo trabajamos en el aula? ¿Qué actividades son las que realizamos?	**MÉTODOS DE ENSEÑANZA**
4. ¿Cuánto tiempo tengo y cuánto dedico a cada módulo?	**TEMPORALIZACIÓN**
5. ¿Qué medios y recursos didácticos se necesitan para poder llevar a cabo esas actividades?	**MEDIOS Y RECURSOS DIDÁCTICOS**
6. ¿Cómo sabemos que se ha producido el aprendizaje?	**EVALUACIÓN**

3. Factores determinantes de la efectividad de la comunicación en el proceso de enseñanza-aprendizaje

En toda comunicación que se produzca en el proceso de enseñanza-aprendizaje, existen factores determinantes que obstaculizan o refuerzan este proceso.

3.1. Obstáculos de la comunicación

Relacionados con el emisor

- No expresar de forma clara qué mensaje se quiere transmitir.
- Comentar algo a lo largo de la explicación que no sea lo correcto y pueda resultar desagradable.
- Cambiar el tema de conversación.
- Desviarse del tema que se está tratando.
- No mirar al receptor cuando se quiere expresar algo.
- No estar atento a las señales que emite el receptor.
- Expresar alguna idea a través de los gestos que no se corresponda con la idea a comunicar.

Relacionados con el receptor

- No comprender las ideas que quiere expresar el emisor.
- No pedir explicación al emisor de aquella información que no le haya quedado clara.
- Interrumpir al emisor cuando está hablando.
- Captar algo diferente a lo que el emisor desea transmitir.

Relacionados con el mensaje

- Mensaje confuso.
- Mensaje muy corto.
- Mensaje muy extenso.
- Abuso de muletillas.
- Utilización de frases sin terminar.
- Dar "rodeos" para decir la idea principal.

Relacionados con el contexto

- No ser el momento adecuado para transmitir algo.
- No saber escoger el lugar oportuno.
- La presencia de ruidos y de interferencias.
- No pensar en las personas que están cerca.

Relacionados con el código

- No utilizar el mismo código que la persona con la que se habla o a la que se escucha.
- No adaptar el vocabulario a la situación o a la persona con la que se conversa.
- Utilizar el doble sentido.

3.2. Sugerencias para el mejor funcionamiento de la comunicación

Emisor

- Acostumbrarse a planificar la comunicación.
- Concretar visiblemente los objetivos.
- Buscar la retroalimentación en la comunicación.
- No tratar de impresionar al receptor.

Mensaje

- Que sea claramente entendido por el receptor.
- Que la terminología usada sea de referencia común.
- Que reclame la atención y el interés del alumnado.
- Que sea sencillo de interpretar.
- Que su contenido sea adecuado y convincente.
- Que produzca el máximo efecto posible.

Canal

- Que sea el más apropiado al grupo al que se dirige, al contenido del mensaje y al objetivo que persigue el formador.
- Que sea el que cause mayor impacto en el receptor.
- Que sea el más eficaz.
- Que sea el que mejor domine el formador.

4. La comunicación verbal y no verbal en el proceso instructivo

Los medios de comunicación pueden agruparse en dos grandes bloques: los **medios verbales,** que son aquellos que usan la lengua como código compartido; y los **medios no verbales,** que son los que se fundamentan en otros códigos simbólicos. A su vez, dentro de los medios verbales, están el medio escrito y el medio oral.

Cada uno de estos medios tiene sus ventajas y sus inconvenientes, por lo que la selección del medio deberá tener en cuenta las circunstancias y características que en cada caso presenta el comunicador, la audiencia y el mensaje que se ha de transmitir.

4.1. Los medios verbales

La comunicación verbal

La comunicación verbal se utiliza para comunicar ideas o dar información, opiniones, expresar o describir sentimientos, etc. Sirve de vehículo a los contenidos explícitos del mensaje. Para garantizar la efectividad de la comunicación, es necesario que el mensaje se presente de forma descriptiva y operativa, pero siempre teniendo muy en cuenta el código común del grupo al que va dirigida esta comunicación.

Un uso correcto del lenguaje oral ayuda a acercarse más a los alumnos. Los principales aspectos a considerar son los que aparecen a continuación.

Construcciones gramaticales

El objetivo será transmitir el mensaje de la manera más clara posible. Se deben evitar los giros rebuscados, la sintaxis complicada y las metáforas. En las explicaciones y conversaciones debe primar el contenido sobre la forma.

Vocabulario

Es importante saber qué palabras van a expresar mejor los conceptos que se desean transmitir y las que pueden ser comprendidas mejor por los alumnos. El análisis previo de los alumnos ayuda a saber qué términos técnicos se pueden utilizar sin problemas, cuáles se tienen que explicar y cuáles se deben evitar.

En general, siempre hay que mantenerse dentro de un lenguaje formal, evitando los vocablos demasiado coloquiales, las palabras extranjeras, las referencias académicas y expresiones de carácter religioso, político, deportivo o cultural, que pueden resultar agresivas para los alumnos.

Ejemplos

Los conceptos abstractos que pueden aparecer y que dificultan la adquisición de los contenidos, tienen que ser expresados mediante las explicaciones del formador, siempre apoyándose en la visualización.

La comunicación escrita

La comunicación escrita posee un carácter más veraz que la oral. La interacción que tiene lugar entre el emisor y el receptor no es inmediata, en algunas ocasiones no llega a producirse jamás. Este tipo de comunicación ofrece más oportunidades expresivas y mayor complejidad gramatical, sintáctica y léxica. También hay que tener en cuenta que a veces dificulta la expresión y/o puede no proporcionar *feedback* de manera inmediata.

4.2. Los medios no verbales

Al igual que las palabras, los elementos de la comunicación no verbal son signos que representan una idea (se excluyen todos los signos lingüísticos).

A diferencia de la comunicación verbal, su función no se centra sólo en la transmisión de contenido, sino que traspasa esa frontera para expresar también las emociones del emisor, controlar la interacción y proporcionar *feedback* del efecto que el mensaje produce en el receptor. Todas estas funciones son muy útiles para el formador, tanto en su tarea de transmisor de conocimientos como en la tarea de motivar y dirigir al grupo.

A continuación, se detallan las diferentes categorías en las que se agrupan los elementos de la comunicación no verbal.

Kinesia

Posturas

Una de las primeras cosas que el formador debe transmitir a sus alumnos es confianza y seguridad, lo que puede conseguirse a través de una postura erguida (sin llegar a ser arrogante), de pie, apoyándose sobre los dos pies y manteniendo la cabeza alta.

Esta postura es útil, especialmente durante la presentación del curso, porque ayuda a relajar el cuerpo, a facilitar la respiración y a controlar las muestras de nerviosismo, al tener un buen apoyo en el suelo.

A medida que avanza el curso, se pueden adoptar otras posturas que faciliten el descanso (apoyarse), el acercamiento (echar el cuerpo hacia delante) o que resten protagonismo (sentarse).

Gestos

Los gestos son un buen aliado del formador, excepto cuando éste se siente incómodo o nervioso. Gestos de carácter adaptador, como rascarse o colocarse la ropa, pueden delatar su estado emocional.

La mayoría de los gestos cumplen la función de reforzar el mensaje verbal (ilustradores), aunque existen otros cuya función es regular las intervenciones cuando se dirige una discusión de grupo.

Expresiones faciales

Las expresiones de la cara transmiten las emociones y permiten obtener fácilmente una respuesta del alumno.

Una expresión facial agradable, como una sonrisa no forzada, facilita la creación de un ambiente relajado en el aula. Una sonrisa puede ser muy útil también para romper la tensión que inevitablemente surge en algunas sesiones.

Mirada

La mirada, junto con la postura, es uno de los mejores métodos para transmitir confianza (en momentos de nerviosismo se tiende a apartar la vista) y para captar la atención de los alumnos.

Mientras el formador habla debe mantener la mirada sobre los alumnos la mayor parte del tiempo, mirándolos el tiempo suficiente como para que se sientan atendidos pero no incómodos. También se puede utilizar la mirada durante las discusiones de grupo, con una función reguladora de las distintas intervenciones.

Desplazamientos

Realizar desplazamientos en el aula capta la atención del alumnado, además de facilitar el contacto visual. Hay que procurar que no sean repetitivos o bruscos (pasear cerca de los alumnos), y cambiar de un recurso a otro (ir de la pizarra al retroproyector), etc.

Recuerde

Los recursos no verbales que estudia la Kinesia son:

I Posturas.
I Gestos.
I Expresiones faciales.
I Mirada.
I Desplazamientos.

Estos recursos pueden utilizarse tanto para reforzar lo que se expresa mediante la comunicación verbal como para sustituirlo.

Proxémica

El aspecto de la proxémica que más interesa es la proximidad física entre los individuos, ya que los alumnos pueden sentirse violentos si el formador se aproxima excesivamente a ellos o, por el contrario, verle distante si no se acerca.

Se debe prestar atención a este aspecto, tanto durante las intervenciones como al distribuir el espacio del aula que se va a emplear, evitando siempre que los asientos estén demasiado juntos o demasiado separados.

Paralingüística

Para captar la atención del público, los oradores suelen hacer uso de determinados aspectos como el tono de voz o las pausas, que en algunos casos pueden parecer exagerados.

El formador, aunque emplee el método de la lección magistral, no es un orador y, por tanto, no debe prestar especial atención a estos aspectos, excepto cuando le plantean algún problema, debido a la ansiedad, al cansancio o a un mal estado de salud. Practicar en voz alta y realizar grabaciones durante la fase de preparación puede ayudar a vencer estas dificultades.

Volumen

Aunque el aula sea pequeña, se tiene que realizar el esfuerzo de hablar lo suficientemente alto para que todos los alumnos oigan las explicaciones y, a la vez, transmitir confianza. En general, el volumen se ajustará instintivamente cuando se compruebe dónde se sitúa la persona que se encuentra más alejada.

Entonación

El problema más frecuente, especialmente si se está cansado, es la monotonía, que no contribuye a captar la atención ni a motivar a los alumnos.

El interés que el formador muestre por el tema y una correcta preparación le hará destacar los puntos clave y jugar con la entonación de una forma adecuada a lo largo de toda la exposición.

Pronunciación

Los problemas se presentan especialmente cuando se está nervioso o se habla demasiado rápido. Se debe hacer un esfuerzo por articular todas las palabras de manera limpia y clara, abriendo la boca lo suficiente para pronunciar correctamente las sílabas, consonantes y vocales.

Velocidad

Una velocidad correcta puede ayudar a resolver problemas de pronunciación y de entonación. Se debe hablar a una velocidad normal o algo superior, para facilitar el mantenimiento de la atención. No obstante, si se está nervioso, se puede hablar con mayor lentitud para facilitar la respiración y relajarse. También se debe reducir la velocidad cuando se expliquen conceptos técnicos complejos o cuando se espere alguna respuesta por parte de los alumnos.

Recuerde

Los elementos que trata la Paralingüística son:

- El volumen.
- La entonación.
- La pronunciación.
- La velocidad.

Proyección física

Existen determinados factores que, sin que la persona diga ni haga nada, transmiten información y hacen referencia a la imagen física que esta persona proyecta.

Es fundamental que el formador transmita una imagen positiva para los alumnos. Se debe cuidar el aspecto externo y los artefactos que se usen, como los adornos y prendas de vestir. La manera adecuada de vestir depende de la situación y siempre debe estar en consonancia con lo que cada colectivo de alumnos espera del formador.

Ejemplo

Sería negativo vestir pieles para impartir un curso cuyo objetivo fuese desarrollar actitudes positivas hacia la protección del medio ambiente.

En cualquier caso, se debe llevar ropa que resulte cómoda, bien cuidada y no demasiado llamativa. A los adornos y al peinado se aplican las mismas reglas que al vestido.

Importante

Un objetivo fundamental del formador es dirigir la atención de los alumnos hacia el contenido que está desarrollando, nunca hacia su persona.

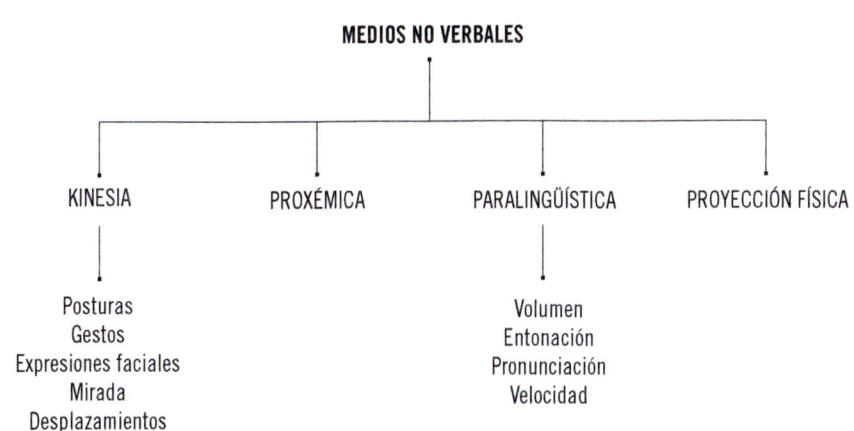

Finalmente, conviene recordar que si el formador observa atentamente la comunicación no verbal que expresan los alumnos, obtendrá una gran cantidad de información.

Hay numerosos signos no verbales que puede mostrar el alumno:

- **Atención:** posturas del cuerpo (inclinado hacia delante, hacia atrás...).
- **Necesidad de hablar:** movimientos sutiles de la boca, de la mano, etc.
- **Irritación:** movimiento de pies, manipulación de objetos sobre la mesa, etc.

- **Concentración:** tomar apuntes, mirar al docente, etc.
- **Cansancio:** cuerpo hundido, suspiros, etc.
- **Inercia:** silencios de todo el grupo, etc.
- **Desinterés:** cerrar el cuaderno, bostezar, mirar al vacío, etc.
- **Sorpresa:** levantar los brazos, abrir la boca, levantar las cejas, abrir los ojos, etc.

Si se observan estos elementos de forma atenta, se podrá obtener información sobre la comprensión del mensaje y el estado emocional de los alumnos, lo que será de gran utilidad para el formador durante el curso.

La comunicación no verbal aporta información al formador sobre los alumnos

5. Técnicas de secuenciación de contenidos

Una vez seleccionados los contenidos, hay que ordenarlos secuencialmente. La **secuenciación y estructuración de los contenidos** es el proceso que permite situarlos en una configuración que produce el máximo aprendizaje en el mínimo tiempo posible.

Algunas de las técnicas para la secuenciación de contenidos son las siguientes:

- Que los contenidos estén de acuerdo con los objetivos propuestos y con los plazos previstos para conseguirlos.

- Empezar por los contenidos más próximos y significativos para el alumno, para llegar poco a poco a lo desconocido. De esta manera, resultará más fácil introducir los nuevos contenidos.
- Ir de lo inmediato a lo remoto.
- Ir de lo concreto a lo abstracto.
- Ir de lo más fácil a lo más difícil. Esto motiva al alumnado porque le va mostrando los avances de manera rápida.

Las principales ventajas que este proceso conlleva son:

- Ayuda al participante a pasar de un conocimiento o habilidad a otro.
- Garantiza que los conocimientos y habilidades previas son alcanzados antes de introducir elementos nuevos.
- Reduce el tiempo de formación.
- Evita la confusión y los fallos en el participante.

Estos puntos son los principales aspectos a tener en cuenta cuando se realiza la presente fase de la programación de la formación, es decir, cuando se fijan los contenidos de la formación.

6. La selección y planificación de estrategias didácticas

Las personas que realizan un curso de formación son diversas, por ello es muy importante que las estrategias didácticas se adapten, de la mejor forma posible, al contexto y permitan una flexibilidad.

 Definición

Estrategias didácticas
Son procedimientos que el formador emplea para facilitar el aprendizaje, con la intención de que éste sea significativo.

Tras la selección y estructuración de contenidos, llega el momento de decidir la modalidad de formación a seguir y la metodología a utilizar en su impartición. Pero esta decisión no se puede tomar arbitrariamente, sino que ha de basarse en unos criterios. Los criterios de decisión básicos para determinar qué estrategia y qué método de formación es el adecuado, son:

- La compatibilidad con los objetivos.
- Los principios generales del aprendizaje del adulto: individualización, motivación, utilidad, practicidad, intereses, etc.
- Los principios de rigor, realismo y participación.
- El carácter eminentemente aplicativo de los aprendizajes.
- La posibilidad de transferir los aprendizajes al puesto de trabajo.
- Los recursos disponibles, incluido el tiempo.
- Los factores relacionados con los participantes, como el estilo de aprendizaje, la edad, el tamaño del grupo, la motivación, etc.

Una vez escogido el método, se observa que ninguno es químicamente puro, sino que unos participan de otros. Por lo demás, todo método puede ser adecuado o inadecuado dependiendo del modo en que sea empleado.

Los formadores deben utilizar los métodos flexiblemente, de la forma que mejor se adapten al estilo de formación, a la materia y a los alumnos, complementando cada método con la técnica y recurso didáctico más acorde.

7. La selección y planificación de medios y recursos didácticos

Para realizar cualquier acción formativa, hace falta algo más que elegir y aplicar unos métodos y unas técnicas. Son necesarios los medios y recursos didácticos, que van a ayudar a desarrollar la metodología seleccionada en el aula. Los medios y recursos didácticos permiten el trasvase de información formador-alumno.

 **Definición**

Medios didácticos
Son materiales elaborados para facilitar los procesos de enseñanza-aprendizaje.

Recursos didácticos
Son soportes mediante los cuales se presentan los contenidos del curso a los alumnos.

A la hora de escoger el medio o recurso a utilizar, se deben tener en cuenta los siguientes criterios:

- **Características de la materia o tema.** Dependiendo de la naturaleza de los contenidos, éstos pueden ser transmitidos por unos u otros métodos.
- **Los objetivos del curso.** Toda selección de medios y estrategias de enseñanza deben realizarse en función de éstos.
- **La disposición del aula y el número de alumnos.** Hay que tener cuidado, sobre todo en la visibilidad de alguno de los recursos, porque pueden perder eficacia.
- **Tiempo disponible para la formación.** Este elemento tiene que estar siempre presente, porque, en función del tiempo que se tenga, se elegirá lo que se adapte mejor a las necesidades.
- **Recursos disponibles,** ya que en algunas ocasiones están a nuestro alcance.
- **El uso que se haga de ellos,** cuál es la finalidad, qué es lo que se pretende y en qué momento se van a utilizar.
- **El nivel de conocimiento de los alumnos** sobre el tema.

Todos estos puntos se han de tener en cuenta a la hora de escoger un medio o recurso didáctico. La finalidad de éstos no es otra que la de fundamentar, apoyar y reforzar el acto formativo.

8. La planificación de la evaluación del proceso de enseñanza-aprendizaje

La aplicación de programas de formación lleva a la obtención de unos determinados resultados. Éstos serán los frutos de la formación y mostrarán el grado de eficacia y eficiencia con que se lleva a cabo la función formativa.

Los resultados indican el éxito de la formación mediante su contraste con los objetivos fijados anteriormente. Este procedimiento recibe el nombre de **evaluación,** proceso ampliamente conocido y con trascendencia reconocida para la formación. Según el proceso de evaluación aplicado, los resultados obtenidos serán reales y fiables, o bien, falseados.

Para que los resultados de la evaluación muestren con certeza el grado de éxito alcanzado con la formación, es necesario un requisito previo: el establecimiento de criterios de evaluación durante el proceso de planificación de la formación. Los criterios actúan como puntos de referencia, a partir de los cuales se valoran los resultados obtenidos.

Los criterios de evaluación han de fijarse con mucha atención, ya que determinan el proceso de evaluación, y éste juzga el grado de éxito de la función formativa.

El primer aspecto a tener en cuenta es la validez: los criterios de evaluación han de ser válidos en relación a los elementos del proceso formativo.

Los aspectos que determinan el grado de validez de los criterios de evaluación son:

- La relevancia.
- La no deficiencia.
- La no contaminación.
- Su fiabilidad.

El establecimiento de criterios válidos y fiables permitirá elaborar un proceso de evaluación de la formación que mida rigurosamente la eficacia y la eficiencia de la función formativa.

9. El seguimiento formativo

El seguimiento es un proceso continuo que sirve para evaluar la eficacia del uso de los recursos y para saber qué iniciativas se pueden emprender para mejorar el aprovechamiento de los recursos formativos.

El seguimiento, además de realizarse después de haber finalizado la planificación formativa, también se realiza antes de la acción.

9.1. Características

El seguimiento formativo permite evaluar los distintos componentes (desde los alumnos hasta todos los elementos que forman la programación) que intervienen en él durante todo el proceso de formación.

El seguimiento formativo se diferencia de la evaluación en que éste tiene que ver más con tareas organizativas, de coordinación, administrativas, etc.; sin embargo, la evaluación valora aspectos de los procesos de formación, como pueden ser la comunicación, el aprendizaje de los nuevos conocimientos, etc.

Con la realización adecuada de un seguimiento formativo:

- Se pueden **descubrir errores o desajustes** en el proceso de enseñanza-aprendizaje antes de que se realice la evaluación final para comprobarlos.
- Se pueden **corregir los errores** en el momento en el que se están produciendo.
- Además, **se detectan los aspectos positivos** que tienen lugar a lo largo de todo el proceso y las **posibles mejoras** que se pueden realizar.

El seguimiento formativo tiene que ser realizado por todas las personas que están implicadas en la realización de los cursos de formación (tutores, coordinadores, técnicos, etc.), por ello, el formador es una figura importante en el proceso de formación, ya que se encuentra implicado en él.

El proceso de formación debe estar planificado, pensado y planteado antes de que empiece la acción de formación, nunca debe llevarse a cabo de manera cerrada, sino que tiene que estar abierto a cualquier cambio que se considere necesario.

9.2. Finalidad

Son varias las finalidades que persigue el seguimiento formativo:

- Ayudar a comprender por qué ocurren algunas cosas y qué se puede hacer para intervenir en ese proceso que se está llevando a cabo.
- Identificar y solucionar los problemas que surgen a lo largo del proceso.
- Contribuir para elaborar planes de formación de manera objetiva, sin desviarse de la finalidad éste.
- Colaborar en la disminución y control del uso de los recursos materiales.
- Determinar el nivel que puede alcanzar el rendimiento y relacionarlo con el rendimiento actual.
- Diagnosticar y detectar problemas para llevar a cabo las acciones correctivas pertinentes.

9.3. Planificación

El seguimiento formativo debe planificarse antes y durante la acción formativa.

El objetivo de este seguimiento es comprobar la eficacia de la acción formativa antes de que ésta llegue a su fin, es decir, es necesario que durante este proceso todos los elementos que van a formar parte del aprendizaje estén planificados.

Los dos momentos que hay que tener en cuenta para planificar el seguimiento formativo son:

- **Antes de la acción formativa:** es necesario conocer las necesidades, el perfil del alumno, qué materiales, instrumentos, recursos, medios didácticos se van a usar.

■ **Durante la acción formativa:** aquí el seguimiento se utiliza para comprobar los posibles errores y mejoras que se pueden llevar a cabo. Ofrece la posibilidad de poder modificar aquellas acciones o medios que dificultan el avance del aprendizaje.

10. Instrumentos para el seguimiento

A lo largo de un ciclo formativo pueden suceder errores y surgir problemas, esto abarca desde la identificación de necesidades hasta la planificación, el diseño, la implantación y la evaluación. Por todo esto, es importante saber cuál es la causa del problema y saber tomar las medidas oportunas para que no se origine nuevamente.

Para detectar el origen del problema, siempre se necesita una información determinada, ésta sólo se puede obtener mediante técnicas que ayuden a obtenerlas, es decir, que permitan recabar y analizar los datos obtenidos.

Para el seguimiento del proceso de enseñanza-aprendizaje, se pueden confeccionar diferentes tipos de instrumentos de evaluación, como pueden ser los cuestionarios y utilizar la observación directa, etc., si el tipo de formación lo permite (presencial o semipresencial). Estos instrumentos variarán según el tipo de datos que se quiera conseguir.

Un ejemplo de plantilla para recoger y analizar la información podría ser esta:

CURSO:		1º Módulo	2º Módulo	3ºMódulo
Objetivos del módulo	Suficiente			
	Insuficiente			
	Adecuado			
	Inadecuado			

Continúa en página siguiente >>

<< Viene de página anterior

CURSO:		1º Módulo	2º Módulo	3ºMódulo
Contenidos del módulo	Suficiente			
	Insuficiente			
	Adecuado			
	Inadecuado			
Metodología	Suficiente			
	Insuficiente			
	Adecuado			
	Inadecuado			
Actividades y recursos	Suficiente			
	Insuficiente			
	Adecuado			
	Inadecuado			
Recursos materiales	Suficiente			
	Insuficiente			
	Adecuado			
	Inadecuado			
Recursos humanos	Suficiente			
	Insuficiente			
	Adecuado			
	Inadecuado			
Proceso de evaluación	Suficiente			
	Insuficiente			
	Adecuado			
	Inadecuado			
Nivel de satisfacción del alumnado	Suficiente			
	Insuficiente			
	Adecuado			
	Inadecuado			

Para el seguimiento del aprendizaje, como la información que se obtiene es de diferente índole, se recogerá mediante la aplicación de las técnicas seleccionadas y elaboradas para la evaluación de cada uno de los aspectos planteados (observación directa de los trabajos, participación, cuestionarios acerca de la motivación y satisfacción del alumnado, etc.).

Por ejemplo, los contenidos que se podrían incluir en la "parrilla" de análisis son los siguientes:

CURSO		1er Módulo	2º Módulo	3er Módulo
Conceptos (comprende los contenidos conceptuales)	Con facilidad			
	Con normalidad			
	Con dificultad			
Procedimientos (aplica y desarrolla los contenidos procedimentales)	Con facilidad			
	Con normalidad			
	Con dificultad			
Actitudes (manifiesta las actitudes adecuadas a los contenidos)	Con facilidad			
	Con normalidad			
	Con dificultad			
Motivación y participación	Con facilidad			
	Con normalidad			
	Con dificultad			
Satisfacción del alumno	Con facilidad			
	Con normalidad			
	Con dificultad			

Dos de las herramientas básicas son:

- **Los diagramas de flujo:** éstos sirven para desglosar en forma de componentes, para presentar una clara imagen de lo que ocurre.
- **Los checklists:** éstos son especialmente útiles para garantizar que se han realizado todas las acciones necesarias. Es otro método de ayuda orientado a los formadores y participantes para preparar, utilizar y solucionar los problemas del equipamiento.

Otros métodos de seguimiento y control que pueden ayudar en la formación son:

- Las reuniones formales e informales.
- Pasar un informe de las sesiones, cuestionarios de satisfacción o formularios de evaluación del curso.
- Entrevistas de evaluación.

 Recuerde

Algunos de los instrumentos de seguimiento más utilizados son:

| Cuestionario de satisfacción
| Cuestionario de motivación
| Observación directa
| Reuniones formales e informales
| Entrevistas de evaluación

11. Metodología de la evaluación del diseño de formación

Los métodos empleados en la evaluación siempre suelen son los mismos, independientemente de que se evalúen los objetivos, los contenidos, los recursos, etc. A pesar de esto, hay que tener en cuenta que no se deben utilizar todos los métodos que se van a nombrar, sino que todo dependerá de lo que se esté evaluando.

Los métodos más frecuentes son:

- Observación sistemática.
- Observación mediante observadores externos o internos del grupo.
- Análisis de trabajo.
- Entrevistas personales.
- Situaciones de simulaciones.

- Diálogos, debates.
- Cuestionarios específicos.
- Inventarios.
- Grabaciones en vídeo.
- Etc.

11.1. Evaluación de los objetivos

Cuando se diseña el programa formativo, se deben concretar los objetivos que serán objeto de evaluación al finalizar el curso, para comprobar si éstos se han alcanzado o no.

Los objetivos marcan aquellos aspectos claves que debe adquirir el alumno para alcanzar unas competencias determinadas. Éstos determinarán lo que el alumno será capaz de saber y saber hacer al acabar el curso, en unas condiciones dadas y con unos medios determinados.

Si, al finalizar el curso, se observa que los objetivos no se han cumplido en su totalidad, hay que analizar cuál ha sido la causa de este error y corregirlos. Si se han cumplido los objetivos, habrá que determinar los motivos de éxito, para volver a ponerlos en práctica en futuros cursos.

Los objetivos marcados al inicio de la formación sirven para:

- Dirigir la formación, es decir, saber hacia dónde se quiere llegar con ésta.
- Comprobar qué se ha logrado.
- Facilitar la evaluación, ya que se sabe cuáles son los objetivos que hay que evaluar.
- Reorientar la formación en el mismo momento que se está realizando.
- Elegir los métodos más adecuados para la formación.

La evaluación de los objetivos debe medirse atendiendo a:

- **Objetivos generales:** son utilizados para saber cuáles son las competencias generales.
- **Objetivos específicos:** parten de los objetivos generales.

■ **Objetivos operativos:** son derivados de los específicos. Son objetivos más concretos y siempre deben estar relacionados con actividades u operaciones determinadas. Son los más fáciles de medir.

Ejemplo

Objetivos específicos para evaluar un curso de primeros auxilios:

Ⅰ Aprender los conceptos básicos y generales de los primeros auxilios.
Ⅰ Adquirir las habilidades y aplicar los principios de actuación para poder reaccionar adecuadamente en situaciones de urgencia.
Ⅰ Conocer los aspectos jurídicos relacionados.

11.2. Evaluación de los contenidos

La evaluación de los contenidos se realizará para comprobar si los objetivos que se habían marcado al principio de la formación se han logrado, así como para eliminar aquellos contenidos que no aportan nada al curso.

Se debe tener siempre en cuenta que se puede lograr un mismo objetivo de formación utilizando diversos contenidos.

Para evaluar los contenidos, hay que comprobar si se ha seguido una secuencia lógica a la hora de impartirlos. Esta secuencia permite que los contenidos sean adquiridos por los alumnos de una manera más significativa, es decir, facilita el aprendizaje de los mismos.

Para que la evaluación de los contenidos resulte positiva, éstos deben ir expuestos:

■ De acuerdo con los objetivos propuestos y con los plazos previstos para conseguirlos.
■ De lo conocido a lo desconocido.

- De lo inmediato a lo remoto.
- De lo concreto a lo abstracto.
- De lo fácil a lo difícil.

Otro aspecto a tener en cuenta para que la evaluación de los contenidos sea positiva, es que éstos se deben estructurar adecuadamente, por ejemplo, mediante módulos, unidades didácticas, etc. Éstas tienen que abarcar los conocimientos, las habilidades y las actitudes que capacitan al alumno para poner en práctica las funciones que desempeñará en su puesto de trabajo. Por lo general, se pueden constituir equivalencias entre objetivos generales y cursos, objetivos específicos y módulos, unidades didácticas, etc. así como entre objetivos operativos y sesión formativa,.

Ejemplo

Siguiendo el ejemplo anterior de primeros auxilios, los contenidos que se evaluarán para comprobar si se han logrado o no los objetivos anteriormente propuestos, son:

- Primeros auxilios: conceptos generales.
- Soporte vital básico (reanimación cardio-pulmonar)-adultos.
- Soporte vital básico-niños.
- Soporte vital instrumental.
- Traumatismos osteoarticulares. Inmovilizaciones (vendajes y férulas improvisadas).
- Movilización de urgencia y posiciones de espera.
- Traumatismos craneales y vertebro-medulares.
- Otras situaciones de emergencia.

11.3. Evaluación de la metodología

La evaluación de la metodología consiste en comprobar que los métodos que se han utilizado son los adecuados para lograr los objetivos formativos, aunque éstos deben ser flexibles a la hora de utilizarlos, ya que deben adaptarse a la materia tratada, a los alumnos, a los recursos disponibles, etc.

Para conseguir que la evaluación de la metodología sea positiva, se deben tener en cuenta las características que se emplean para definir un método. Éstas pueden ser:

- Presentar y mostrar la problemática del tema para que, a través de la reflexión y el esfuerzo, el alumno pueda resolverla.
- Respetar tanto la libertad de expresión como de creación.
- Las actividades que están destinadas al alumno tienen que ser dirigidas por el formador para que el alumno reflexione y participe.
- Motivar al alumno, relacionando los temas con sus intereses, motivaciones y necesidades.
- Organizar los nuevos aprendizajes para que se integren con los ya adquiridos.
- Tener en cuenta las limitaciones y las posibilidades que tiene cada alumno.
- Dar lugar a la acción individualizada a través de tareas que requieran planteamientos y acciones individualizadas.

11.4. Evaluación de actividades y recursos

Las **actividades** son unos elementos que acompañan a los contenidos formativos, ya que éstas refuerzan los contenidos que son expuestos por el formador. Siempre debe existir coordinación entre ambos, para esto se deben seleccionar adecuadamente tanto los métodos como las técnicas.

Para evaluar las diversas actividades que se han desarrollado, hay que formular una serie de preguntas para saber si las actividades han sido eficaces o han fallado en su ejecución. Algunas de estas preguntas pueden ser:

- ¿Qué ha hecho el alumno?
- ¿Ha sabido aplicar los conocimientos necesarios para lograr resolver las actividades?
- ¿Valora y comprende la finalidad de la actividad?
- ¿Ha mostrado interés en la realización de la misma?
- ¿Qué ha aprendido?
- ¿Han sido válidas las actividades?

- ¿Cuáles han fallado? ¿Por qué?
- ¿Se han alcanzado los objetivos?
- Etc.

Junto con las actividades, los recursos también tienen que ser evaluados, ya que de ellos va a depender en cierta manera la eficacia de las actividades. Por eso, en la evaluación de los recursos hay que tener en cuenta la eficacia de aquellos que se han utilizado y cuáles son los que se hubieran necesitado para desarrollar el curso.

Se pueden distinguir varios criterios para evaluar la eficacia de los recursos:

- Su calidad, porque actúa como mediador entre la realidad y la estructura cognitiva del alumno.
- El contexto metodológico, ya que todo va a depender de la metodología usada por el formador.
- Los propios alumnos, sus motivaciones, intereses, etc.
- La experiencia del formador en el manejo de los diversos recursos, sus habilidades, etc.

También es necesario tener en cuenta qué evaluar de los recursos:

- La rentabilidad de éstos.
- El aprovechamiento para distintas finalidades.
- El mantenimiento.
- La actualización, deben adaptarse a las nuevas tecnologías.
- La adecuación al proceso de enseñanza-aprendizaje.
- Posibilitar la acción, estimular y responder a las curiosidades presentes en el alumnado.

11.5. Evaluación del formador

La figura del formador es muy importante a lo largo de todo el proceso formativo, ya que, en cierta manera, el éxito o el fracaso de la formación recae sobre él, por lo tanto, es imprescindible conocer previamente a la persona que va a impartir un curso.

El formador es el mediador entre los contenidos y los alumnos, por lo que debe evaluarse de forma continua y a lo largo de todo el proceso de enseñanza-aprendizaje, así como al final del proceso, momento en que se comprobará si los métodos y estrategias que ha diseñado y utilizado han sido los adecuados, introduciendo posibles modificaciones para las prácticas futuras.

La evaluación del formador se puede realizar desde varias vertientes, en cada una de ellas se evalúan aspectos diferentes, pero todas persiguen el mismo fin, que es fomentar la calidad de la formación.

Evaluación realizada por los alumnos

Los alumnos pueden evaluar aspectos como la relación del formador con los alumnos, la organización de las sesiones, el control de clase, la efectividad de la enseñanza, etc.

En la siguiente tabla se muestra un cuestionario a modo de ejemplo:

Marque la opción que más se adecúe a las características que prevalecieron a lo largo del curso

---

1. Las oportunidades que tuve para realizar preguntas en clase fueron:
   a. Frecuentes
   b. Regulares
   c. Escasas
   d. Muy escasas

---

2. El interés que mostró el formador respecto a los alumnos fue:
   a. Satisfactorio
   b. Regular
   c. Poco
   d. Muy pobre

---

3. El clima existente en el aula fue:
   a. Bueno
   b. Regular
   c. Tenso
   d. Malo

Continúa en página siguiente >>

<< Viene de página anterior

**Marque la opción que más se adecúe a las características
que prevalecieron a lo largo del curso**

4. En la prueba final se evaluaban los contenidos dados a lo largo del curso:
   a. Sí
   b. No

5. El material presentado en el curso fue:
   a. Original
   b. Poco original
   c. Nada original

6. Las actividades que realicé para asimilar los contenidos fueron:
   a. Útiles
   b. Regulares
   c. Pobres
   d. Inútiles

7. El contenido marcado para el curso se expuso en su totalidad:
   a. Sí
   b. No

8. El grupo de alumnos afectó a mi aprendizaje:
   a. De manera positiva
   b. De manera negativa
   c. No me afectó

9. El material audiovisual me pareció:
   a. Atractivo
   b. Regular
   c. Inadecuado

10. Los procesos, problemas y soluciones experimentados en el trabajo en
    grupo fueron:
    a. Bien planteados
    b. Regular planteados
    c. Mal planteados

11. Las exposiciones por parte del docente me parecieron:
    a. Buenas
    b. Regulares
    c. Malas

Continúa en página siguiente >>

<< Viene de página anterior

Marque la opción que más se adecúe a las características que prevalecieron a lo largo del curso

---

12. La actuación del profesor durante el curso evidenció:
    a. Un elevado conocimiento de la materia
    b. Un mediano conocimiento
    c. Un escaso conocimiento

---

13. El profesor supo controlar las conductas perturbadoras sucedidas a lo largo del curso de forma:
    a. Eficaz
    b. Regular
    c. Ineficaz

---

14. El ritmo que siguió el profesor al exponer los contenidos me pareció:
    a. Muy bueno
    b. Satisfactorio
    c. Monótono

---

15. La secuencia de presentación de los contenidos del curso fue:
    a. Lógica
    b. Regular
    c. Arbitraria

---

16. La actuación del profesor despertó interés y motivación:
    a. Muchas veces
    b. Algunas veces
    c. Pocas veces
    d. Ninguna vez

Evaluación realizada por el propio formador

En esta evaluación, el formador va a evaluar la preparación del curso, el desarrollo del mismo, y también realizará una evaluación propia de su actuación como formador.

En la siguiente tabla se muestra un cuestionario a modo de ejemplo:

Marque la opción que más se adecúe a las características que prevalecieron a lo largo del curso

A. PREPARACIÓN DEL CURSO

1. ¿Cómo ha sido el tiempo con el que ha contado?
    a. Suficiente
    b. Insuficiente

¿Por qué? _____

2. ¿Cómo considera la distribución de las sesiones del curso?
    a. Adecuadas
    b. Inadecuadas

¿Por qué? _____

3. ¿Ha dispuesto de las guías didácticas del curso?
    a. Sí
    b. No

¿Por qué? _____

4. ¿Ha dispuesto de los recursos necesarios para la preparación de sus sesiones?
    a. Sí
    b. No

¿Cuáles le han hecho falta? _____

5. Teniendo en cuenta su nivel de formación, ¿ha necesitado apoyo por parte de la dirección del curso?
    a. Sí
    b. No

¿Cómo ha sido el apoyo? _____

B. DESARROLLO DEL CURSO

6. ¿El desarrollo de las sesiones (distribución y tiempo) se ha correspondido con la planificación prevista?
    a. Sí
    b. No

7. ¿La metodología utilizada para el desarrollo de las sesiones ha propiciado la participación e implicación del alumnado?
    a. Sí
    b. No

¿Por qué? _____

Continúa en página siguiente >>

<< Viene de página anterior

Marque la opción que más se adecúe a las características que prevalecieron a lo largo de curso

8. ¿Considera que el clima del curso ha sido el adecuado?
   a. Sí
   b. No

   ¿Por qué? _____

9. ¿El contexto donde se ha desarrollado el curso ha sido adecuado y oportuno?
   a. Sí
   b. No

   ¿Por qué? _____

10. ¿Ha conseguido los objetivos propuestos?
    a. Sí
    b. No

    ¿Por qué? _____

C. AUTOEVALUACIÓN

11. Evalúe de 1 a 4 los siguientes apartados relacionados con su intervención como formador, donde:

    1. Considero imprescindible mejorar mi formación en este aspecto.
    2. Considero necesario mejorar mi formación en este aspecto.
    3. Cuento con recursos necesarios para el desarrollo ajustado del curso, pero podría encontrar dificultades si éste cambia el rumbo prefijado.
    4. Mi formación al respecto es adecuada y dispongo de recursos suficientes para el desarrollo óptimo del curso.

	1	2	3	4
Dominio de los contenidos				
Metodología/didáctica empleada				
Comunicación con el alumnado				
Trabajo en equipo				

D. AMPLIACIÓN

Puede anotar a continuación cualquier aportación que desee realizar y no haya sido considerada en este cuestionario.

_____

_____

11.6. Tipos de evaluación

Existen diferentes tipos de evaluación, cada una se aplicará atendiendo a diferentes criterios.

Según su finalidad o función de la evaluación

Diagnóstica

Esta evaluación, como su nombre indica, tiene un carácter diagnóstico, ya que permite que se conozcan las potencialidades del alumno. De esta manera, la actividad didáctica se dirige de forma más efectiva.

Formativa

Se utiliza como estrategia para mejorar y ajustar los procesos formativos en el momento que se están llevando a cabo, para alcanzar las metas y los objetivos marcados. La evaluación formativa es aplicable a la evaluación de procesos.

Sumativa

Se aplica a la evaluación de productos terminados, es decir, se sitúa concretamente cuando finaliza un proceso, cuando éste se considera acabado. Su propósito es determinar el grado en que se han conseguido los objetivos establecidos, para evaluar de forma positiva o negativa el resultado. Esta evaluación permite tomar medidas tanto a medio como a largo plazo.

Según el momento de aplicación de la evaluación

Inicial

Se produce al principio del proceso de enseñanza-aprendizaje. La función que tiene la evaluación inicial es identificar el nivel de conocimientos que tienen los alumnos que inician un curso y, de esta manera, comprobar si los alumnos cuentan con los conocimientos necesarios para comenzarlo, y determinar si es posible impartirlo de acuerdo al programa formativo o si se requiere alguna modificación.

Procesual

La evaluación procesual se basa en valorar, de forma continua, el aprendizaje de los alumnos y la enseñanza del profesor, a través de la recogida sistemática de datos, toma de decisiones, etc.

La evaluación procesual es totalmente formativa, ya que, al favorecer la recogida continua de datos, permite tomar decisiones en el mismo momento que se considere necesario.

Los resultados que se obtienen forman la base permanente para el formador a la hora de programar las actividades diarias, así como para establecer las actividades y los procedimientos más apropiados. De esta manera, se evitan las dificultades que se puedan producir en los aprendizajes que se están llevando a cabo. La finalidad de todo esto es evitar errores y vacíos en los aprendizajes posteriores.

Final

La evaluación final es aquella que se realiza al finalizar la formación, por lo tanto ésta recoge y valora los resultados obtenidos a lo largo de un periodo formativo.

Según su extensión

Global

Tiene en cuenta todos los elementos y procesos que guardan relación con todo lo que es objeto de evaluación. Por ejemplo, si se trata de evaluar el proceso de aprendizaje de los alumnos, esta evaluación se centra en todas las áreas en general, pero sobre todo en los diversos tipos de contenidos de enseñanza (conceptos, procedimientos, valores, normas, etc.).

Parcial

Esta evaluación no se realiza de manera global, sino que se lleva a cabo por partes, es decir, evalúa los componentes que más interesan.

Según los agentes que realizan la evaluación

Autoevaluación o evaluación interna

Es el proceso sistemático mediante el cual una persona o grupo examina y valora sus procedimientos, comportamientos y resultados, para identificar qué quiere corregir o modificar en él. La evaluación interna muestra que los alumnos están más motivados a la hora de realizar una tarea difícil. La puesta en práctica de la autoevaluación no conlleva que el profesorado abandone sus funciones, sino que implica una concepción diferente de la enseñanza.

La autoevaluación ofrece al estudiante ayuda para descubrir sus necesidades, cantidad y calidad de su aprendizaje, causas de sus problemas, dificultades y éxitos en el estudio. De esta manera, el alumno puede conocerse de manera más concreta.

Heteroevaluación o evaluación externa

La evaluación externa es realizada o llevada a cabo por otra persona que no es el protagonista del aprendizaje. En esta evaluación, lo más frecuente es que el profesor evalúe al alumno.

TIPOS DE EVALUACIÓN	
Según su finalidad o función	- Diagnóstica - Formativa - Sumativa

Continúa en página siguiente >>

<< Viene de página anterior

TIPOS DE EVALUACIÓN	
Según su momento de aplicación	- Inicial - Procesual - Final
Según su extensión	- Global - Parcial
Según los agentes que la realizan	- Autoevaluación o evaluación interna - Heteroevaluación o evaluación externa

Solucionarios de ejercicios de repaso y autoevaluación

Contenido

1. Política y gestión cultural
2. Programación y evaluación aplicadas a la gestión cultural
3. Recursos de la programación cultural
4. Desarrollo de proyectos de animación cultural
5. Redes asociativas culturales
6. *Marketing* cultural

Solucionario 1
Política y gestión cultural

Solucionario Capítulo 1

1. **Complete la siguiente frase:**

Las industrias culturales son aquellas acciones culturales **proveedoras** de productos culturales **masivos,** reproducibles mecánicamente o difundidos de forma **cinematográfica.** Las editoriales o la industria de producción y difusión continua hacen referencia a los sectores culturales realizados de forma **industrial.**

2. **De las siguientes frases, indique cuál es verdadera o falsa:**

   a. Los objetivos de la política cultural persiguen la promoción de la identidad cultural, el estímulo de la diversidad y el fomento de la creación.

   ☑ **Verdadero**
   ☐ Falso

   b. En el año 2011, el Año Europeo de la Creatividad y la Innovación, se vio la necesidad de añadir la transición a la era digital.

   ☐ Verdadero
   ☑ **Falso**

   c. La creación, la distribución y el fomento forman parte de las políticas culturales.

   ☑ **Verdadero**
   ☐ Falso

   d. La cuenta satélite de la cultura es una operación estadística de periodicidad anual.

   ☑ **Verdadero**
   ☐ Falso

3. Complete la tabla relacionando cada nivel con los organismos correspondientes, teniendo en cuenta que algunas no existirán en España.

Niveles	Organizaciones gubernamentales	Organismos gubernamentales	Organizaciones profesionales	Organizaciones privadas
Internacional	ONU-UNESCO	ICCROM	ICOMOS	---
Supraestatal	Consejo de Europa	---	---	Europa Nostra
Estatal	Gobierno central	Ministerios	Asociaciones profesionales estatales AEGC	Hispania Nostra Fundaciones Iglesia
Regional	Gobierno autonómico	Consejerías y Direcciones generales de cultura autonómicas		Asociaciones regionales amigos de los museos Amigos del patrimonio
Local	Diputación Ayuntamientos	Áreas de cultura Concejalías de cultura y turismo		Asociaciones Empresas de gestión cultural

4. Relacione edificios o actividades con su representativo sector cultural:

    a. Tesoro de nuestra Sra. de las Mercedes.
    b. Castellets.
    c. Centro histórico de Cádiz.
    d. "El buen patrón".
    e. Iglesia de Santa María de Iria Flavia.
    f. "El Rey León". El musical.

    c. Turismo cultural.
    e. Patrimonio histórico.
    f. Artes musicales.
    a. Patrimonio emergente.
    b. Patrimonio intangible.
    d. Audiovisual y multimedia.

5. ¿Cuáles son los elementos reconocibles del sector público como agente cultural?

Los elementos reconocibles del sector público como agente cultural son los siguientes:

- Regular, desde el punto de vista jurídico, toda acción que lleve la marca "cultural".
- Conservar el patrimonio histórico y artístico.
- Garantizar la prestación publica de los servicios culturales.
- Asegurar políticas culturales globales territoriales.
- Fomentar la iniciativa de otros agentes.
- Desempeñar funciones de coordinación e información.

6. Enumere brevemente los sectores culturales en España y ponga un ejemplo de cada uno de ellos. ¿Cuántos reconoce en su ciudad?

Los sectores culturales son: artes escénicas y musicales, visuales, plásticas y multimedia, libros y prensa, archivos y bibliotecas, patrimonio histórico e interdisciplinares.

Poniendo un ejemplo de cada uno de los anteriores, artes visuales como las representaciones del teatro Zorrilla; plásticas como el Museo de Escultura de Valladolid; libros y prensa, la feria del libro antiguo y ocasión de abril; archivos y bibliotecas, como la de la Junta de Castilla y León o el archivo municipal de Valladolid; además, como patrimonio histórico cuenta con un gran número de palacetes o la Iglesia de San Pablo; como monumento BIC, tiene muchas fábricas de principios de siglo; y entre los interdisciplinares, cuenta con la Ruta cultural europea Caminos del Castellano.

7. ¿Cuántas clases de organigrama existen? Haga el gráfico de al menos un ejemplo.

Al menos cuatro clases: funcional, divisional, matricial y solar.

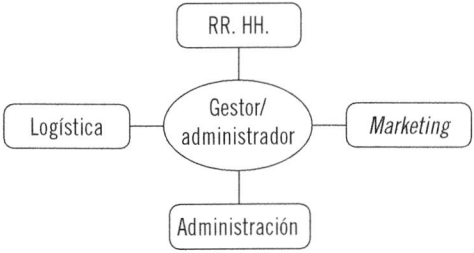

8. **Las fases de un proyecto son:**

   a. Planificación y ejecución.
   b. Estrategia y *marketing.*
   c. **Planificación, diagnóstico, producción y evaluación.**
   d. Producción y evaluación.

9. **El *crowdfunding* es:**

   a. Una aportación económica a un proyecto.
   b. Forma parte de la tecnoestructura.
   c. Una forma de mecenazgo y donación a proyectos diversos.
   d. **Todas las opciones son correctas.**

10. **¿Cuáles son los departamentos de la parte administrativa de la organización cultural?**

    a. Contabilidad y distribución.
    b. Planificación y evaluación.
    c. **Contabilidad, distribución, laboral, jurídico, administración, tesorería y comunicación y *marketing,* entre otras.**
    d. Finalidades y análisis del entorno.

Solucionario Capítulo 2

1. **Indique a quién pertenece la siguiente definición sobre cultura:**

"El conjunto de rasgos distintivos, espirituales y materiales, intelectuales y afectivos que caracterizan a una sociedad o a un grupo social. Además de las letras y las artes, comprende los modos de vivir, los derechos fundamentales del ser humano, los sistemas de valores, las tradiciones y las creencias."

    a. Alfred Kroebe
    b. Modelo relativista
    c. Modelo romanticista
    d. UNESCO

2. **Compruebe cuál es el artículo de la Constitución Española al que pertenecen estos enunciados.**

    a. Los poderes públicos promoverán y tutelarán el acceso a la cultura a la que todos tiene derecho. **(art.46)**
    b. Los poderes públicos garantizarán la conservación y promoverán el enriquecimiento del patrimonio histórico, cultural y artístico de los pueblos de España y de los bienes que lo integran, cualquiera que sea su régimen jurídico y su titularidad. La ley penal sancionará los atentados contra este patrimonio. **(art. 48)**

3. **Complete estos objetivos, reflexionando sobre esta afirmación:**

"Las empresas basan su supervivencia en la adaptación al entorno y a las distintas modificaciones que se producen en ese ámbito (...) la estrategia, consiste en combinar actividades de varias áreas funcionales de la organización para lograr los objetivos propuestos, siendo las técnicas más apropiadas:

    a. **Seleccionar** el entorno más adecuado para la empresa.
    b. **Desarrollar** las capacidades organizativas necesarias.
    c. **Gestionar** los procesos de cambio organizativo.

4. **¿A qué están obligados lo municipios de más de 5.000 habitantes en cuestiones culturales?**

A tener una biblioteca pública.

5. **¿Qué significa DAFO?**

    a. **Debilidades, Amenazas, Fortalezas y Oportunidades.**
    b. Debilidades, Amenazas, Finalidades y Oportunidades.
    c. Debilidades, Asuntos, Formales y Oportunidades.
    d. Todas las opciones son incorrectas.

6. **Teniendo en cuenta los datos que se le dan, enmarque cada equipamiento con las casillas del cuadro en las comunidades autónomas y provincias. En el ámbito comarcal, la población constaría de al menos 5.000 habitantes, por lo que téngalo en cuenta según los equipamientos obligatorios.**

Sala polivalente, palacio de congresos, auditorio, conservatorio, teatro, escuelas de música municipales, museos provinciales, bibliotecas, centros de documentación, palacio de las artes escénicas, sala de exposiciones, salas de exposiciones en centros cívicos y municipales, filmoteca.

Sector	Comunidad autónoma	Provincial	Comarcal
Ocio y servicios generales		Sala polivalente	
Música	Auditorio	Conservatorio Escuelas de música municipales	
Patrimonio	Museo autonómico arqueológico	Museos provinciales	Museos locales (no obligatorio)
Libro, información y documentación	Bibliotecas Centros de documentación	Biblioteca provincial y municipal	Biblioteca municipal

Continúa en página siguiente >>

<< Viene de página anterior

Sector	Comunidad autónoma	Provincial	Comarcal
Artes escénicas	Palacio de las artes escénicas Teatro		
Artes plásticas	Sala de exposiciones	Salas de exposiciones en centros cívicos y municipales	
Audiovisuales	Filmoteca		

7. **De las siguientes frases, indique cuál es verdadera o falsa. La importancia de los equipamientos municipales atiende a ciertas premisas que responden al lugar como espacio cultural:**

   a. Configuran una interrelación ciudadana como punto de encuentro.

   ☑ **Verdadero**
   ☐ Falso

   b. No representan la participación y ejercicio de la ciudadanía ni incrementan la identificación colectiva entre ciudadano y territorio.

   ☐ Verdadero
   ☑ **Falso**

   c. Forman parte de las infraestructuras hidráulicas.

   ☐ Verdadero
   ☑ **Falso**

8. **Indique al menos tres elementos fundamentales para llegar a la excelencia en la empresa.**

   Las personas y la atención al cliente/público, las alianzas y los recursos. Otros fundamentales pueden ser la estructuración de políticas y el liderazgo en el cambio.

9. ¿Cuáles son las redes sociales que pueden utilizarse para la gestión de la cultura?

Pueden utilizarse las siguientes:

I Facebook y Twitter: redes sociales por excelencia en las que hay intercambio de conocimientos y experiencias sociales relacionadas con la cultura y la gestión cultural. Respecto a la cultura, puede suponer una gran plataforma para publicar información y relacionarse con otros espacios similares con referencia cultural.
I Pinterest, Instagram y Flickr: son redes sociales visuales, que permiten solamente visualizaciones compartidas por usuarios de todo el mundo mediante personalización de imágenes y fotografías, además de otros diseños gráficos. Son utilizadas por los museos, ya que difunden sus colecciones a través de fotografías, y a veces con anécdotas, como el museo del Prado.

10. ¿Cómo definiría el término *e-cultura?*

Son procesos culturales desarrollados en alguno de sus estadios a través de la red, en parte o en su totalidad.

Solucionario 2
Programación y evaluación aplicadas a la gestión cultural

Solucionario Capítulo 1

1. **De las siguientes frases, indique cuál es verdadera o falsa.**

   a. En una planificación, el objetivo general se corresponde con el nivel de proyecto.

      ☐ Verdadero
      ☑ **Falso**

   b. La investigación sobre el ámbito cultural debe contemplar los recursos patrimoniales, la creación contemporánea y los hábitos de comportamiento.

      ☑ **Verdadero**
      ☐ Falso

   c. Educar en valores es un criterio de programación localizado en el grupo de criterios orientados al desarrollo comunitario.

      ☑ **Verdadero**
      ☐ Falso

2. **Relacione las siguientes técnicas con las fases del proceso de planificación a las que corresponden.**

	FASES		INSTRUMENTOS
a.	Diseño	**d.**	Indicadores
b.	Desarrollo	**c.**	DAFO
c.	Investigación	**b.**	Plan de gestión
d.	Evaluación	**a.**	Árbol de problemas

3. **En el estadio de la creación de un proyecto, se analiza...**

    a. ... los recursos utilizados.
    b. **... los objetivos, el tipo de actividad, los agentes y los destinatarios.**
    c. ... el presupuesto y los servicios.
    d. ... la comunicación.

4. **¿Qué elementos se traen a análisis dentro de la estructura de una organización cultural?**

    ▪ Organigrama funcional.
    ▪ Capacitación del equipo.
    ▪ Financiación y presupuesto.
    ▪ Comunicación.

5. **Según el tipo de objetivos a perseguir, ¿en qué grupo de proyectos se llevan a cabo acciones de integración, educación en valores, capacitación y empoderamiento del colectivo social?**

En proyectos culturales para el desarrollo comunitario.

6. **En los destinatarios de un proyecto cultural, describa las diferencias entre los "usuarios" y los "públicos".**

Los usuarios están introducidos en las formas de expresión y con hábitos culturales, mientras que los públicos responden a una motivación de ocio a través de la cultura.

7. Resuma en el siguiente cuadro las funciones asignadas a cada categoría de un organigrama clásico.

ORGANIGRAMA	FUNCIONES
Dirección	Toma de decisiones desde postulados técnicos (de gestión) y culturales (de contenidos).
Coordinación	Control de las actuaciones.
Ejecución	Producción, comunicación y otras tareas concretas.
Administración	Control presupuestario, contrataciones, permisos, trámites.

8. Indique cuáles de las siguientes características de un proyecto tienen prioridad cultural.

Difundir alguna manifestación cultural	Incrementar públicos	Los protagonistas son los creativos
Dirigido al gran público	Destinatarios en el proceso de diseño y gestión	Política de precios

9. Escriba el índice de contenidos en el documento de análisis de un evento cultural.

▌ El contexto:

  ▪ Ecosistema cultural.
  ▪ Organización promotora.

▌ La ficha técnica:

  ▪ Registro.
  ▪ Identificación del evento.
  ▪ Descripción.
  ▪ Gestión.
  ▪ Financiación.
  ▪ Observaciones.

▌ El evento:

  ▪ Justificación.
  ▪ Diseño.
  ▪ Producción.
  ▪ Gestión.
  ▪ Comunicación.
  ▪ Financiación.

▌ El análisis:

  ▪ Datos de la investigación.
  ▪ Método.
  ▪ Fuentes de información.
  ▪ Herramientas.
  ▪ Conclusiones.

10. Enumere las posibles vías para la transmisión de la información a nivel interno.

▌ Servidor interno.
▌ Portales web para compartir información.
▌ Banco de datos.
▌ Espacios web restringidos.
▌ Videoconferencias y otras conexiones en directo.

Solucionario Capítulo 2

1. **El contenido cultural de un programa hace referencia a...**

   ... las manifestaciones artísticas que conforman la base cultural del programa.

2. **Relacione las unidades de trabajo con las funciones que les correspondan.**

	UNIDADES DE TRABAJO		FUNCIONES
a.	Dirección	**d.**	Contacto con artistas y creativos
b.	Producción	**a.**	Determinación de objetivos
c.	Comunicación	**b.**	Contratación de servicios
d.	Comisariado	**c.**	Atención protocolaria

3. **De las siguientes frases, indique cuál es verdadera o falsa.**

   a. La ficha de control del programa es el diario de trabajo.

   ☑ **Verdadero**
   ☐ Falso

   b. La ficha del equipo técnico contiene una relación exacta de funciones y responsabilidades de cada miembro.

   ☑ **Verdadero**
   ☐ Falso

   c. En la planificación se registran las cuantías económicas de cada acción.

   ☐ Verdadero
   ☑ **Falso**

4. **En el proceso de implementación de acciones, se suceden los bloques de acción de...**

    a. ... producción y presupuesto.
    b. **... definición, producción y desarrollo.**
    c. ... diseño de actividades y gestión de recursos.
    d. ... definición y seguimiento.

5. **¿Qué sistema se pondrá en marcha dentro de la gestión del presupuesto para evitar que se sigan contratando servicios o productos con cargo a una línea presupuestaria agotada?**

Se definirá un control de seguimiento que ofrezca información actualizada del estado de ejecución.

6. **El comisariado de un programa desempeña, en el entramado de actores, un rol de...**

... asesoría, en tanto que delimita las características culturales que deberá tener el programa para cumplir los objetivos.

7. **En el inventario de infraestructuras, identifique los campos de información que se localizan en la ficha técnica.**

Actividad habitual	Memoria de actividades	Planimetría
Espacios y usos	Valoración económica	Normativa de aplicación

8. **Resuma en breves líneas el objetivo de priorizar un criterio de rentabilidad ante la selección de una infraestructura.**

El principio de rentabilidad tratará de minimizar los costes del evento. Ajustarse a los recursos y medios propios debe ser una máxima, tratando de sacar el máximo partido a todos los elementos que posee la entidad.

9. **Indique los dos pasos que se deben acometer en la gestión de adquisición de recursos ajenos.**

En primer lugar, se procederá a valorar dos presupuestos para un mismo recurso, pasando a contratar aquel que más se adecue a las necesidades técnicas y la disponibilidad económica de la actividad.

10. **Apunte los elementos de recogida de residuos habituales que se utilizan en un evento cultural.**

Papeleras para residuos pequeños, contenedores y cubos para elementos mayores y, en caso de necesitarse, aseos portátiles.

Solucionario Capítulo 3

1. Identifique, de entre las siguientes, qué acciones forman parte de un proceso de evaluación.

Definición de objetivos	Delimitación del tipo de evaluación	Solicitud de créditos financieros
Estimación de presupuestos	Planificación de la acción evaluativa	Elección de técnicas y herramientas

2. Evaluar la eficiencia en el desarrollo de un programa cultural consiste en...

... determinar el grado de rentabilización en el uso de los recursos utilizados.

3. De las siguientes frases, indique cuál es verdadera o falsa.

a. La evaluación formativa hace referencia al incremento de la capacitación de los profesionales del equipo profesional.

☐ Verdadero
☑ **Falso**

b. La evaluación de producto supone establecer una correlación entre los resultados previstos y los obtenidos.

☑ **Verdadero**
☐ Falso

c. Los medios de verificación de un indicador identifican sus fuentes de información y representan las herramientas de medición de los mismos.

☑ **Verdadero**
☐ Falso

4. En el informe de evaluación, el apartado que hace referencia al contexto...

    a. ... identificará los mecanismos internos de la entidad promotora.

    b. ... analizará la calidad artística de las actuaciones.

    c. ... profundizará en las características de la realidad que acogió la programación.

    d. ... presentará datos de resultados.

5. Relacione las dimensiones de la planificación estratégica con los ámbitos del proceso de evaluación.

	PROCESO DE EVALUACIÓN		PLANIFICACIÓN ESTRATÉGICA
a.	Evaluación de resultados	**b.**	Planificación operativa
b.	Evaluación de proceso	**c.**	Recursos y presupuesto
c.	Evaluación de eficiencia	**a.**	Objetivos

6. De las siguientes frases, indique cuál es verdadera o falsa.

    a. Los instrumentos de proceso son la planificación metodológica, el diario de trabajo y las actas de la comisión de evaluación.

        ☑ **Verdadero**
        ☐ Falso

    b. Los instrumentos de resultado sirven para delimitar el contexto que acoge la evaluación.

        ☐ Verdadero
        ☑ **Falso**

    c. La entrevista, como técnica de evaluación, genera una información secundaria muy valiosa.

        ☐ Verdadero
        ☑ **Falso**

7. **Resuma en breves líneas la función que caracteriza al resumen ejecutivo.**

El resumen ejecutivo cumple la función de transmitir los resultados del proceso de evaluación de un modo ágil y resumido, facilitando su asimilación por parte de los responsables superiores.

8. **El orden del día de una reunión de trabajo para evaluar el programa debe recoger...**

    a. ... la fecha y el contenido de la reunión.
    b. ... el resumen ejecutivo.
    c. ... los datos principales de la evaluación.
    d. **... el asunto, la fecha, el lugar, los asistentes, la duración y las cuestiones a tratar.**

9. **¿Cómo presentaría las conclusiones de un proceso de evaluación para facilitar su asimilación por parte de los responsables del nivel superior?**

Se realizaría una evaluación de impacto, a fin de detectar los cambios producidos en el entorno sociocultural que acogió las actuaciones.

10. **La evaluación externa de un programa cultural es realizada por...**

... agentes ajenos al equipo profesional que ha desarrollado la programación cultural.

Solucionario 3

Recursos de la programación cultural

Solucionario Capítulo 1

1. **De las siguientes oraciones, indique cuál es verdadera o falsa.**

   a. Evento es una actividad o conjunto de actividades que se propone realizar siempre en función de una necesidad detectada o con un objetivo claro.

   ☑ **Verdadero**
   ☐ Falso

   b. El evento cultural no siempre debe estar dentro de unos límites presupuestarios, técnicos o temporales.

   ☐ Verdadero
   ☑ **Falso**

   c. A la hora de organizar un evento cultural lo último que suele hacerse es componer el equipo de trabajo, porque lo primero es siempre marcar el objetivo final del evento como punto de partida.

   ☐ Verdadero
   ☑ **Falso**

2. **Relacione las siguientes herramientas con su objetivo final.**

   a. Árbol de problemas.
   b. Inventario.
   c. Encuesta telefónica.
   d. Presupuesto.

   a. Establecer las funciones, actividades y tareas.
   c. Obtener información previa para acometer la organización y ejecución del evento cultural.
   b. Registrar los recursos materiales de los que se dispone para la ejecución del evento.
   d. Conocer los recursos económicos de los que se dispone.

3. Una herramienta muy adecuada para conocer de forma global el conjunto de eventos y actividades que se van a llevar a cabo en un periodo determinado de tiempo es:

    a. El inventario
    b. El árbol de problemas
    c. La plantilla de control de trabajo
    d. El cronograma

4. Busque en la siguiente sopa de letras conceptos relacionados con la recogida de información y con los elementos que forman parte de la organización de un evento.

A	H	S	I	L	O	N	R
B	T	T	A	R	E	A	E
A	A	M	Q	C	U	B	A
E	N	C	U	E	S	T	A
M	M	U	E	S	T	R	A
F	U	N	C	I	O	N	O
O	B	J	E	T	I	V	O

5. ¿Con arreglo a qué criterio han de escogerse las herramientas que permiten la recogida de información? Razone su respuesta.

Aquellos que tengan menos coste económico y temporal, y los que menos interfieran en la respuesta del entrevistado (introducción de sesgos).

6. Complete la siguiente oración.

Los eventos forman parte de un plan organizativo que responde a líneas programáticas que integran: **diagnóstico, planificación** y **ejecución** que, a su vez, generarán impactos en una población determinada y en un lugar concreto.

7. ¿Qué diferencia a la función, la tarea y la actividad?

- Función: tarea que corresponde realizar a una organización —en su sentido más amplio- o a personas concretas que pueden formar parte de un equipo.
- Tarea: trabajo directo que debe realizarse en unas determinadas condiciones y en un tiempo determinado.
- Actividad: conjunto de acciones que se llevan a cabo para cumplir los objetivos de programa, un proyecto o un evento.

8. Para obtener información que no contenga sesgo o influencia por parte del entrevistador, el mejor método es:

   a. La entrevista personal
   b. La entrevista telefónica
   c. La entrevista digital por internet
   d. Todas las opciones son correctas.

9. Indique cuál de las siguientes herramientas es imprescindible poner en la fase previa de la organización de un evento.

   a. Composición de equipo de trabajo.
   b. Evaluación final del evento.
   c. Cronograma de actividades.
   d. Listado de objetivos generales y específicos.

10. ¿En qué consiste y para qué se aplica un EDT?

La Estructura de Descomposición de Trabajo se trata de una técnica que permite dividir, desglosar y descomponer las funciones, actividades y tareas, plasmando todo ello en un gráfico o plantilla.

Solucionario Capítulo 2

1. **De las siguientes oraciones, indique cuál es verdadera o falsa.**

   a. La gestión de recursos humanos consiste en planear, organizar y desarrollar todas aquellas funciones y responsabilidades derivadas del desempeño de las tareas que el personal al servicio de una entidad, de una empresa o de una organización debe llevar a cabo de una manera eficaz y eficiente.

      ☑ **Verdadero**
      ☐ Falso

   b. La gestión de recursos humanos consiste en planear, organizar y desarrollar solo aquellas funciones y responsabilidades, derivadas de su contrato de trabajo, que el personal al servicio de una entidad, de una empresa o de una organización debe llevar a cabo de una manera eficaz y eficiente.

      ☐ Verdadero
      ☑ **Falso**

2. **Relacione las siguientes herramientas con su objetivo final.**

   a. Presupuesto.
   b. Acuerdo o convenio.
   c. Memoria.
   d. Justificación económica.

   d. Justificar legalmente los ingresos y gastos efectuados, aportando facturas y documentos contables.
   a. Recoger en un documento, de forma detallada, medible y realista, los ingresos y gastos que se generarán en la organización de un evento cultural.
   c. Resumir las actividades llevadas a cabo, el nivel de cumplimiento de objetivos y las circunstancias de diseño, planificación y ejecución de un evento.
   b. Reflejar por escrito los términos, derechos, obligaciones y objetivos libremente firmados entre dos o más partes, así como recoger la metodología para hacer el seguimiento y control de dichos términos.

3. La mejor herramienta metodológica para reflejar el marco en el que ha de desarrollarse la organización de un evento, teniendo en cuenta el criterio de optimización de los recursos disponibles es:

    a. El presupuesto
    b. El listado de objetivos generales y específicos
    c. El plan estratégico
    d. El cronograma

4. Busque en la siguiente sopa de letras cuatro elementos que conforman la gestión de recursos humanos.

A	A	P	T	I	T	U	D
P	E	R	S	O	N	A	L
A	A	M	Q	C	U	B	A
R	E	C	U	R	S	O	S
C	O	N	T	R	A	T	O
F	U	N	C	I	O	N	O
O	A	C	T	I	T	U	D

5. ¿Con qué tres tipos de instituciones públicas pueden establecerse acuerdos o convenios de colaboración?

Ayuntamientos, Diputaciones provinciales y Gobiernos (autonómicos o regionales y nacionales).

6. Complete la siguiente oración.

Los acuerdos y los convenios de colaboración son acuerdos **escritos** entre dos o más partes que contribuyen a la **organización** y **realización** de un evento. Las partes, llamadas colaboradoras, podrían consistir en **entidades** u **organizaciones** públicas o **privadas**.

7. ¿Qué tres características fundamentales debe tener un presupuesto?

Manejable, evaluable y revisable.

8. De los siguientes conceptos, ¿cuáles son los que deben reflejarse necesariamente en un presupuesto?

   a. **Los gastos**
   b. **Los ingresos**
   c. El equipo de trabajo o plantilla de empleados
   d. Todas las opciones son correctas.

9. Indique cuáles de estos principios forman parte de un presupuesto.

   a. **Principio de exactitud**
   b. Principio de flexibilidad
   c. **Principio de claridad**
   d. Todas las opciones son correctas.

10. Defina el concepto de presupuesto público.

Documento contable que refleja las partidas financieras con las que se hace frente al desarrollo y ejecución de un determinado evento, proyecto o acto, y que por ser de carácter público exige unas normas muy determinadas de publicación, seguimiento, control y justificación.

Solucionario 4

Desarrollo de proyectos de animación cultural

Solucionario Capítulo 1

1. **Diferencie entre relativismo cultural y etnocentrismo cultural.**

   El relativismo cultural defiende que no existe una cultura superior a otra; en cambio, el etnocentrismo cree que la cultura propia es superior al resto de las culturas.

2. **De las siguientes frases, indique cuál es verdadera o falsa.**

   a. La evaluación retroalimenta continuamente el proceso de intervención cultural.

   ☑ **Verdadero**
   ☐ Falso

   b. Si existe suficiente documentación del lugar donde se va a intervenir, no es necesario realizar un diagnóstico previo.

   ☐ Verdadero
   ☑ **Falso**

   c. Es muy importante priorizar las necesidades una vez establecidas estas.

   ☑ **Verdadero**
   ☐ Falso

   d. Los recursos pueden ser humanos, estructurales, infraestructurales y polivalentes.

   ☐ Verdadero
   ☑ **Falso**

3. Relacione los siguientes conceptos.

a. Proceso por el cual se estimula y dinamiza a los individuos para dar respuesta a sus necesidades culturales.
b. Acceso de los individuos a los bienes culturales.
c. Promoción de espacios creativos de participación en la vida cultural de un territorio.
d. Actividades de desarrollo cultural.

c. Democracia cultural
d. Acción cultural
a. Animación cultural
b. Democratización de la cultura

4. Localice cinco espacios de desarrollo de la animación cultural.

C	A	S	A	D	E	L	A	C
O	M	U	C	O	N	C	O	U
P	O	R	S	A	D	A	P	L
P	X	R	O	R	Z	A	K	T
O	E	I	R	E	C	N	O	U
M	N	L	T	D	S	E	M	R
D	A	M	A	S	I	U	D	A
C	I	N	E	S	N	C	M	D
C	O	N	T	E	N	I	D	O

5. ¿A qué sector corresponde el tejido asociativo?

a. **Sector comunitario.**
b. Sector público.
c. Sector privado.
d. Todas las opciones son incorrectas.

6. Complete la siguiente oración.

Las **fundaciones** son **organizaciones sin fin lucrativo** que, por voluntad de sus creadores, tienen **afectado** de modo duradero su **patrimonio** a la realización de fines de **interés general** de muchos ámbitos, entre los que se encuentra el ámbito **cultural** y **social**, y cuyos beneficiarios son **colectividades** genéricas de **personas**.

7. Relacione los siguientes conceptos con alguno de sus ejemplos.

    a. Patrimonio natural.
    b. Patrimonio inmaterial.
    c. Patrimonio mueble.
    d. Patrimonio inmueble.

    <u>c.</u> Un cuadro de Velázquez.
    <u>b.</u> La dieta mediterránea.
    <u>d.</u> La Alhambra.
    <u>a.</u> Parque Nacional del Teide.

8. Indique la diferencia entre producto cultural y servicio cultural.

El bien cultural es la actividad artística que es duradera y tangible, y es propiedad de quien lo adquiere, mientras que el servicio cultural es una actividad artística que se contempla o consume en el momento de su exhibición o ejecución.

9. Complete la definición de política cultural de la UNESCO.

La política **cultural** consiste en el conjunto de prácticas **sociales, conscientes** y **deliberadas** de intervención y no intervención, que tienen por objeto satisfacer ciertas necesidades de la **población** y de la **comunidad,** mediante el empleo óptimo de todos los recursos **materiales** y **humanos** de que dispone una **sociedad** en un momento determinado.

10. Busque en la sopa de letras las cuatro dimensiones del producto cultural.

A	N	P	R	U	S	D	E	L	E
R	C	R	E	A	C	I	O	N	I
T	O	O	P	E	R	S	A	R	I
I	Y	D	U	R	E	T	R	O	C
C	O	U	N	O	C	R	A	C	O
G	E	C	A	M	U	I	M	E	B
L	L	C	S	E	B	B	I	R	T
M	I	I	I	C	I	U	B	O	U
O	B	O	L	A	S	C	O	U	L
C	A	N	A	O	L	I	S	M	U
C	O	N	S	U	M	O	J	I	L
A	T	I	C	O	U	N	A	L	O

Solucionario Capítulo 2

1. **Complete el siguiente párrafo.**

En los proyectos de **animación cultural** se utilizará la investigación **social** fundamentalmente en dos momentos clave: el **diagnóstico,** para determinar la situación inicial; y la **evaluación,** para contrastar la situación inicial con la lograda tras la realización de las actividades, la consecución de **objetivos,** la **satisfacción** de los participantes y el **impacto social** de la intervención.

2. **De las siguientes frases, indique cuál es verdadera o falsa.**

   a. La investigación cualitativa aporta datos objetivos, medibles y cuantificables.

   ☐ Verdadero
   ☑ **Falso**

   b. El análisis de documentos no es una técnica de investigación social.

   ☐ Verdadero
   ☑ **Falso**

   c. Las técnicas grupales son muy utilizadas en la investigación cualitativa.

   ☑ **Verdadero**
   ☐ Falso

   d. Las técnicas de investigación cualitativa y cuantitativa son opuestas y excluyentes. No se pueden usar en la misma investigación.

   ☐ Verdadero
   ☑ **Falso**

3. **¿Qué diferencias encuentra entre los términos "necesidad" y "demanda"?**

La necesidad es una sensación de carencia de algo, asociado al deseo de satisfacerla. Pero si para satisfacerla se necesita del consumo de bienes y servicios, entonces se convierte en una demanda. La demanda es una necesidad de consumo.

4. **Complete la siguiente definición.**

Los campos y **contextos** de la acción cultural deben ser entendidos como todos aquellos **colectivos,** grupos, **personas** o **espacios** en los que se puede desarrollar un **plan, programa** o **proyecto** cultural.

5. **Relacione las siguientes acciones con sus fases del proyecto.**

    a. Diagnóstico.
    b. Planificación.
    c. Ejecución.
    d. Evaluación.

    d. Reflexión valorativa de las actividades.
    c. Seguimiento de actividades.
    b. Programación de actividades.
    a. Detección de necesidades.

6. **Los objetivos operativos son:**

    a. Generales y concretos.
    b. **Cuantificables, medibles y verificables.**
    c. Reguladores.
    d. Todas las opciones son incorrectas.

7. **¿Qué tipo de actividades fomentan y favorecen el acceso a actividades culturales?**

    a. **De difusión.**
    b. De participación.
    c. De formación.
    d. De creación.

8. Sopa de letras. Encuentre elementos de la programación cultural.

M	A	T	E	R	I	A	L	E	S	R
E	A	I	S	Q	A	V	G	A	T	S
A	U	E	I	T	O	R	I	O	J	M
T	U	M	B	A	L	L	O	F	G	F
R	S	P	E	R	S	O	N	A	S	G
O	E	O	U	M	A	O	T	Q	V	B
I	N	F	O	R	M	A	C	I	O	N

9. Relacione el tipo de actividad con su categoría.

a. Lúdicas.
b. Difusión.
c. Formación.
d. Artísticas.
e. Sociales.

c. Seminarios.
d. Grafiti.
d. Juguetes y muñecos.
b. Museo.
e. Creación de una asociación cultural.
d. Rondalla y tuna.
a. Acampada.
a. Viajes.
b. Patrimonio oral.

10. Al concretar una actividad, se debe explicitar...

a. ... los destinatarios, descripción de la actividad y nombre de la actividad.
b. ... la priorización de la actividad.
c. ... el análisis de las necesidades por las que se propone la actividad.
d. Todas las opciones son correctas.

Solucionario Capítulo 3

1. **Complete la siguiente definición.**

Capital humano es la riqueza que puede tener una **organización, comunidad** o **nación** en base a las **capacidades** o **formación** de las personas que la conforman.

2. **Localice en la sopa de letras cinco de los recursos humanos (personales o colectivos) que intervienen en un proyecto cultural.**

O	A	P	S	A	E	L	A	D
B	M	O	N	G	N	E	O	O
V	O	L	U	T	A	R	I	O
E	N	I	C	E	S	E	A	U
R	E	T	I	C	C	Q	O	M
V	N	I	L	N	S	U	M	E
A	A	C	M	I	I	I	D	N
C	I	O	N	C	N	P	M	T
I	O	S	N	O	N	O	D	O
O	L	P	A	S	I	T	U	S
N	A	M	A	T	E	U	R	O

3. **De los siguientes enunciados, indique cuál es verdadero o falso.**

   a. Los conflictos son situaciones de crisis de un equipo. Hay que saber darles la espalda y no afrontarlos por el bien de la dinámica grupal.

   ☐ Verdadero
   ☑ **Falso**

b. La toma de decisiones debe apoyarse en la intuición, siempre que sea posible.

☐ Verdadero
☑ **Falso**

c. Para que una reunión sea efectiva no se puede olvidar valorar la espontaneidad y la improvisación de los participantes, evitando la programación innecesaria de las mismas.

☐ Verdadero
☑ **Falso**

d. Para la toma de decisiones se debe argumentar, proponer alternativas, buscar el consenso.

☑ **Verdadero**
☐. Falso

4. **¿Qué ley regula actualmente en España el voluntariado a nivel estatal?**

La Ley 45/2015, de 14 de octubre, del Voluntariado.

5. **Todo programa formativo debe estar programado y planificado. Indique las fases de un programa formativo eficaz.**

Ha de seguir una serie de etapas muy concretas:

▮ Evaluación de las necesidades formativas.
▮ Diseño y desarrollo de un plan de formación.
▮ Impartición de las acciones formativas.
▮ Evaluación del plan de formación.

6. **¿Por qué criterios se rige la manera de usar y aplicar los diferentes recursos?**

a. Eficacia y suficiencia.
b. Eficacia, suficiencia, correspondencia y efectividad.
c. Todas las opciones son incorrectas.
d. **Eficacia, eficiencia, efectividad e idoneidad.**

7. ¿A qué técnica para fomentar la comunicación corresponde la siguiente definición? "Cuando se establece una comunicación, el emisor transmite un mensaje que produce una reacción en el receptor; al interpretarlo, el emisor completa con otra reacción como efecto de su conducta comunicativa".

    a. *Feedback.*
    b. Disco rayado.
    c. *Fogging.*
    d. Philips 6/6.

8. Identifique en la siguiente sopa de letras cuatro recursos tecnológicos.

O	P	I	Z	A	R	R	A	D
B	R	R	U	G	N	E	O	I
V	O	O	N	T	A	R	I	G
E	Y	S	C	E	D	O	P	I
R	E	T	I	C	C	Q	O	T
V	C	C	L	N	S	U	M	A
A	T	N	M	I	I	I	D	L
C	O	M	N	C	N	P	M	T
O	R	D	E	N	A	D	O	R
O	L	P	A	S	I	T	U	S
T	E	L	A	T	E	U	R	O

9. Complete la siguiente definición.

El presupuesto es la **previsión** y **cálculo anticipado** que se realiza de los **gastos** que supone llevar a cabo una actividad o evento cultural. Se establece en términos **monetarios**.

10. Relacione los siguientes recursos con el tipo de recurso.

a. Video.
b. Casa de la cultura.
c. Lápices.
d. Animador cultural.
e. Biblioteca.

b. y **e.** Recursos infraestructurales.
a. Recursos tecnológicos.
d. Recursos humanos.
c. Recursos materiales fungibles.

Solucionario 5
Redes asociativas culturales

Solucionario Capítulo 1

1. De las siguientes frases, indique cuál es verdadera o falsa.

a. Para hacer más operativo y comprensible el concepto de participación, es conveniente diferenciar entre un modo de participación individual y el denominado como participación social y cultural.

☐ Verdadero
☑ **Falso**

b. La participación social y cultural, para ser considerada como tal, necesariamente debe tener como objetivo una necesidad, un requerimiento, y no regirse solo por intereses particulares o de organización.

☑ **Verdadero**
☐ Falso

c. No es la ciudadanía, sino las personas que integran asociaciones y entidades como socias de las mismas, las que se convierten en acreedoras y beneficiarias de las propuestas, transformaciones, responsabilidades y acciones que se toman a partir de la corresponsabilidad en el proceso de participación.

☐ Verdadero
☑ **Falso**

2. Relacione los siguientes conceptos con su contenido y significado teniendo en cuenta la participación como mecanismo de actuación de la sociedad y de las entidades con su objetivo final.

a. Proceso de carácter gradual.
b. Capacidad para intervenir en la toma de decisiones.
c. Derecho a tomar parte activa.
d. Contexto social en el que se desenvuelve la participación.

a. Se ejercitan acciones individuales que se pueden transformar en colectivas y que pueden llegar a incidir en la toma de decisiones para llegar a objetivos determinados en función de las necesidades planteadas.

b. La voluntariedad, el compromiso y la acción libre cobran especial valor.

__c.__ Directa o indirectamente, o a través de representantes en todas aquellas decisiones, propuestas o acciones que afectan de forma directa, indirecta, colectiva o individual.

__d.__ Íntimamente relacionado con cuestiones tales como: el dilema que se produce en las sociedades democráticas, esto es, la tensión que se plantea entre eficacia y participación; el déficit democrático; el concepto de gobernanza o gobernabilidad y sus principios.

3. **Las finalidades del proceso de participación son o están relacionadas con...**

   a. **... la voluntad y capacidad para construir ciudadanía.**
   b. ... la capacidad de la asociación para generar ingresos.
   c. ... el número de socios de los que disponga la entidad.
   d. ... las responsabilidades que tenga atribuidas cada responsable de la Junta Directiva.

4. **Busque en la siguiente sopa de letras cuatro elementos relacionados con los mecanismos y niveles de participación.**

A	A	P	T	I	T	U	D
P	A	S	I	V	A	A	L
A	A	M	Q	C	U	B	A
R	E	C	R	E	D	E	S
P	E	T	I	C	I	O	N
F	U	N	C	I	O	N	O
C	O	N	S	E	N	S	O

5. **¿Qué ha de significar la participación social y cultural?**

   La influencia real y posible de los ciudadanos sobre determinadas decisiones públicas, favoreciendo una cultura de implicación directa, dinámica y participativa en los procesos que afectan a la ciudadanía, a la clase gobernante y a los técnicos.

6. **Complete la siguiente oración.**

En el marco de la participación social y cultural, el **tejido asociativo** cumple un papel fundamental: ser uno de los principales **actores** en el desarrollo de programas, objetivos, metodologías, y como receptores de **necesidades** y **requerimientos** de la población en un ámbito territorial determinado.

7. **En lo que respecta al proceso de metodología y análisis en la caracterización de las redes asociativas, señale las cuatro grandes fases en las que se divide dicho proceso.**

   1. Planificación
   2. Recogida de información y trabajo de campo
   3. Análisis de la información
   4. Redacción del informe

8. **De los siguientes trabajos que incluye la planificación como fase del proceso de análisis, señale cuál es el correcto.**

   a. **Conformar el equipo de trabajo, asignando responsabilidades, funciones y tareas.**
   b. Marcar solo los objetivos generales.
   c. Redactar los documentos previos que servirán de base al posterior análisis.
   d. Identificar los recursos financieros con los que se contará y a los actores potenciales que participarán en el proceso de análisis y caracterización.

9. **Indique cuál de estas herramientas forma parte de las fuentes de información primarias.**

   a. Bases de datos.
   b. Estudios y diagnósticos.
   c. **Método de entrevistas Delphi.**
   d. Estudios de instituciones públicas.

10. Defina el concepto de red asociativa.

Conjunto estable e identificado de entidades asociativas que se caracteriza por compartir territorio, y que pueden compartir objetivos, intereses y el desarrollo de proyectos. La red asociativa se basa en la corresponsabilidad, la comunicación y el diseño de estrategias conjuntas.

Solucionario Capítulo 2

1. **De las siguientes frases, indique cuál es verdadera o falsa:**

   a. Las federaciones de asociaciones tienen una indicación especial: actuar como entidad legalmente constituida, con derechos y deberes propios, en representación y nombre de sus miembros ante instituciones, entidades y organismos públicos o privados, y ante la sociedad en general.

      ☑ **Verdadero**
      ☐ Falso

   b. Las confederaciones no tienen el mismo rango jurídico que las federaciones. En este caso se está ante el agrupamiento, bajo una misma denominación y personalidad jurídica, de un conjunto de federaciones de asociaciones que tienen el mismo objetivo y características.

      ☐ Verdadero
      ☑ **Falso**

   c. La persona jurídica es una sociedad, una empresa o, en términos generales, cualquier institución pública o privada que tenga capacidad jurídica pero no capacidad de obrar.

      ☐ Verdadero
      ☑ **Falso**

2. **Relacione los siguientes conceptos con su contenido y significado teniendo en cuenta la definición, objetivos y requisitos de constitución de asociaciones, federaciones o confederaciones.**

   a. Finalidad de la asociación.
   b. Objeto social.
   c. Acta de la asamblea general extraordinaria.
   d. Federaciones o coordinadoras de federaciones.

a. Es el motivo, la razón por la que la asociación o colectivo ha sido constituido, el ámbito territorial, conceptual, de actividad, de destinatario, en el que se va a desarrollar.

d. Entidad o colectivo que agrupa a un conjunto de asociaciones y cuyos miembros, a diferencia de estas, son personas jurídicas en vez de personas físicas.

c. Requiere de la firma del secretario y del presidente de cada una de las asociaciones que formarán parte de la futura federación.

b. Especificación del conjunto de actividades, siendo estas el resultado final, la aplicación práctica, el resultado del cumplimiento de la finalidad para la que fue constituida.

3. **Según el carácter de las actividades, una asociación puede ser:**

    a. **Formativa, informativa, asesora o de estudio e investigación.**
    b. Aislada, coordinada territorialmente o coordinada temáticamente.
    c. De duración indefinida o de duración puntual.
    d. Local, provincial o regional.

4. **Busque en la siguiente sopa de letras cuatro elementos relacionados con los órganos fundamentales de una asociación:**

A	S	A	M	B	L	E	A	F	B
L	I	P	M	T	A	X	I	O	N
A	A	F	U	N	D	A	D	O	R
R	E	C	O	B	A	R	J	A	R
S	O	C	I	O	H	O	N	O	R
F	U	N	C	I	O	N	O	D	U
D	I	R	E	C	T	I	V	A	L

5. **¿Qué es un órgano colegiado?**

Aquel órgano representativo compuesto por tres o más miembros y que toma las decisiones de forma conjunta y, en la mayor parte de las ocasiones, mediante votación.

6. Complete la siguiente oración:

La Junta Directiva es elegida por la **asamblea de socios,** siguiendo los criterios que estrictamente estén recogidos en los **estatutos** de la asociación. En términos generales, el periodo de **mandato** que abarca el nombramiento de los miembros de la Junta Directiva se suele establecer entre los **dos** y **cuatro** años.

7. Indique cuáles son las atribuciones del presidente de una asociación.

▌ Es el representante legal de la asociación.
▌ Es el encargado de presidir los órganos de la asociación.
▌ Lleva a cabo labores de coordinación sobre el funcionamiento general de la entidad.
▌ Debe cumplir y, sobre todo, hacer cumplir los estatutos y los acuerdos adoptados en los órganos de decisión de la asociación.
▌ Ordena los pagos siempre que estén válidamente acordados.
▌ Valida las actas, las certificaciones y todos aquellos documentos oficiales de la asociación.

8. Además de los órganos comunes y necesarios que forman parte de todas las asociaciones, existen otros que pueden catalogarse como optativos o de "otros órganos". Señale la respuesta correcta.

a. **Asamblea electoral.**
b. Comisión de valoración.
c. Junta de inadmisión de socios.
d. Comité ético de comportamiento de socios.

9. En lo que respecta a la toma de decisiones en el seno de una entidad asociativa o fundación, se pueden clasificar...

a. ... por consenso de la Junta Directiva, sin necesidad de consenso entre los socios.
b. **... por minoría cualificada.**
c. ... por mayoría restringida.
d. ... por decisión autoritaria, sin debate previo.

10. Defina el concepto de sociograma.

El sociograma es una herramienta de análisis de datos que tiene como objetivo estudiar, investigar y establecer la forma en que se establecen vínculos sociales dentro de un grupo o de una red.

Solucionario Capítulo 3

1. **De las siguientes frases, indique cuál es verdadera o falsa:**

   a. Las políticas culturales son el instrumento fundamental que las administraciones públicas tienen para llevar a cabo exclusivamente programas, proyectos o actuaciones concretas, sin tener en cuenta otro tipo de necesidades.

      ☐ Verdadero
      ☑ **Falso**

   b. Las administraciones públicas no pueden ni deben actuar solas en el ámbito de la cultura. Necesitan de la participación activa de entidades y organizaciones del ámbito privado, en concreto de las asociaciones y las redes de asociaciones culturales.

      ☑ **Verdadero**
      ☐ Falso

2. **Relacione los siguientes conceptos con su contenido y significado teniendo en cuenta la estructura y funciones de la Administración pública.**

   a. Administración pública como organización.
   b. Administración pública como actividad.
   c. Representación ordinaria de un ministerio.
   d. Directores Generales.

   a. Formada por órganos que responden a una jerarquía concreta y ordenada, y que se hacen cargo del cumplimiento de una serie de objetivos y fines que deben responder a principios como eficacia, descentralización, desconcentración y coordinación.
   c. Los subsecretarios detentan la representación ordinaria del Ministerio y son los encargados de dirigir los servicios más comunes del mismo, así como ejercer las competencias que estén establecidas en torno a los mencionados servicios.
   d. Titulares de los órganos directivos encargados de la gestión de una o de varias áreas que respondan a un criterio de funcionamiento común u homogéneo dentro del Ministerio.
   b. Prestadora de servicios concretos llevados a cabo por órganos que tienen competencia reconocida y que actúan de acuerdo con la legalidad establecida, haciendo uso de un conjunto determinado de medios para alcanzar unos fines concretos.

3. **La organización que se denomina periférica no es más que...**

    a. ... la representación de la Administración del Estado en el territorio de las comunidades autónomas: Delegación y Subdelegación del Gobierno.

    b. **... la representación de la Administración del Estado en el territorio de las comunidades autónomas: Delegación y Subdelegación del Gobierno y áreas funcionales.**

    c. ... las administraciones que están fuera del territorio de la Península: Islas Canarias e Islas Baleares.

    d. ... la compuesta por organismos y entidades de derecho público.

4. **Busque en la siguiente sopa de letras cuatro elementos relacionados con las entidades locales.**

A	P	E	D	A	N	I	A	F	B
D	I	P	U	T	A	C	I	O	N
A	A	M	Q	C	U	B	A	G	D
R	E	C	O	M	A	R	C	A	R
P	R	O	V	I	N	C	I	A	Y
F	U	N	C	I	O	N	O	D	U
C	A	B	I	L	D	O	O	K	L

5. **¿Qué establece la Constitución sobre la obligación de los poderes públicos en el ámbito de la cultura?**

Destinar esfuerzos, recursos y políticas activas para democratizar la cultura, al tiempo que deja abierta la puerta a la asunción por las comunidades autónomas de las más amplias competencias en este campo.

6. **Complete la siguiente oración.**

Los municipios pueden realizar actividades **complementarias** de las propias de otras **administraciones públicas** y, en particular, las relativas a la **educación**, la **cultura**, la promoción de la mujer, la vivienda, la sanidad y la protección del medioambiente.

7. **En lo que respecta al contenido que se debe contemplar en un protocolo, indique los ocho puntos imprescindibles.**

   1. Acto de definición.
   2. Justificación.
   3. Principios.
   4. Objetivos.
   5. Ejes de trabajo.
   6. Compromisos mínimos.
   7. Instituciones que participan.
   8. Fases de construcción.

8. **De los tres tipos de contrato que contempla la Ley de Contratos del Sector Público (LCSP), señale el correcto.**

   a. Mixtos: cuando se mezclan dos o más administraciones diferentes.
   b. Privados: obras de ingeniería, servicios de agua, etc.
   c. **Administrativos: concesión de obras públicas, gestión de servicios públicos de suministro, servicios, colaboraciones con el sector público.**
   d. Públicos: para servicios y obras que se prestan a la Administración central.

9. **En los procedimientos de adjudicación de contratos, indique cuál es la respuesta correcta.**

   a. A partir de 2.000.000 € para obras y a partir de 100.000 € para servicios y suministros.
   b. Especialmente pensado para servicios intelectuales de especial complejidad.
   c. La adjudicación recaerá en el licitador justificadamente elegido por el órgano de contratación, tras negociar las condiciones del contrato con uno o varios candidatos.
   d. **Obras hasta 40.000 € o hasta 15.000 € cuando se trata de otros contratos.**

10. Defina el concepto de prestación directa de servicios.

Obligación adquirida por las entidades y organismos públicos para cubrir una serie de necesidades para la población: cultura, sanidad, abastecimiento de agua, recogida de basura, gestión del medioambiente, etc.

Solucionario Capítulo 4

1. De las siguientes frases, indique cuál es verdadera o falsa:

   a. La comunicación es el proceso humano que permite compartir y transmitir información -expresada en un código determinado, que en este caso es la lengua- solo entre dos personas.

      ☐ Verdadero
      ☑ **Falso**

   b. A través de la comunicación, las personas obtienen información respecto a su entorno y pueden compartirla con el resto.

      ☑ **Verdadero**
      ☐ Falso

   c. Si se hiciera uso de una terminología lingüística, se llegaría a la conclusión de que el fonema -considerado como la unidad mínima de sonido articulado- sería el equivalente a la unidad de información.

      ☑ **Verdadero**
      ☐ Falso

2. Relacione los siguientes conceptos con su contenido y significado en relación con los procesos de comunicación en los grupos.

   a. Fuente de información.
   b. Transmisor.
   c. Destino.
   d. Señal.

   a. La que es capaz de generar el mensaje. Se ha de escoger de entre un conjunto de datos de los que se parte previamente para, de esta forma, conformar el que finalmente se va a transmitir.
   d. Considera un signo o un símbolo de un sistema convencional de codificación como, por ejemplo, la luz de un semáforo o el sonido en la comunicación entre dos personas.

c. Punto dedicado al receptor es la entidad, el ente, al que va dirigido el mensaje.

b. Codifica el mensaje con arreglo a un sistema de señales que permiten el acto de transmitir por un determinado canal.

3. **La comunicación, más allá de ser un medio para transmitir información, es también...**

   a. ... la única forma de poder abordar el trabajo en grupo siempre que todos intervengan en la misma medida y con el mismo tiempo de intervención sobre ideas que ya están preseleccionadas.

   b. **... una forma de ejercer influencia o conseguir un determinado efecto sobre una personas o un grupo de ellas, a las que van destinadas los mensajes que forman parte de esta comunicación.**

   c. ... una forma de ejercer influencia o conseguir un determinado efecto sobre una persona o un grupo de ellas, incluso a las que no van destinadas los mensajes que forman parte de esta comunicación.

   d. ... el medio para que las asociaciones puedan relacionar a sus socios entre sí.

4. **Busque en la siguiente sopa de letras cuatro elementos relacionados con la comunicación.**

A	L	E	N	G	U	A	J	E	B
D	A	P	U	T	A	C	I	O	N
A	N	M	Q	M	E	D	I	O	D
R	A	C	O	M	A	R	C	A	R
P	C	O	D	I	G	O	I	A	Y
F	U	N	C	A	M	P	A	Ñ	A
C	A	B	I	L	D	O	O	K	L

5. **¿Qué establece el modelo psicológico de la comunicación social de Gerhard Maletzke?**

Considera que la comunicación, como acto social, forma parte inseparable de la psicología social. Se trata, a juicio de Maletzke, de un proceso que tiene su efecto final en las relaciones entre los elementos que participan en ella: las personas.

6. **Complete la siguiente oración:**

La comunicación es, básicamente, un proceso de **intercambio** pero también de **interacción** entre **partes** alrededor de **mensajes**.

7. **Maletzke detecta seis relaciones para comprender el modelo que él mismo propuso, ¿cuáles?**

1. Relación entre comunicador y mensaje.
2. Relación entre comunicador y medio.
3. Relación entre comunicador y receptor.
4. Relación entre mensaje y medio.
5. Relación entre receptor y mensaje.
6. Relación entre receptor y medio.

8. **¿Cuál de estos elementos no forma parte del modelo propuesto por Maletzke?**

a. Comunicador
b. Mensaje
c. **Medio de comunicación**
d. Código lingüístico

9. **En lo que respecta a la estrategia de participación que hace posible que las responsabilidades y tareas en el seno de la entidad asociativa estén equilibradas, ¿cuál de estos elementos es básico?**

   a. Facilitar, con reservas y siempre con el consentimiento de todos los socios, el acceso a la información.
   b. **Realizar propuestas, no solo dando el punto de vista personal y particular, sino haciendo propuestas concretas de actividades o líneas de actuación.**
   c. Restringir, en la medida de lo posible, la opinión de los miembros de la asociación para no generar conflictos.
   d. Dejar la toma de decisiones solo para los miembros de la Junta Directiva.

10. **¿Cuáles son los elementos básicos del modelo de Shannon y Weaver?**

   Los elementos fundamentales son: fuente de información, mensaje, transmisor, señal, fuente de ruido, receptor y destino.

Solucionario 6
Marketing cultural

 Solucionario Capítulo 1

1. Complete las siguientes oraciones:

El diseño de objetivos pretende reflejar de manera explícita para qué se realiza una propuesta, cuáles son los efectos que se pretenden alcanzar con su realización. Se debe distinguir entre objetivo general y objetivos específicos:

▪ Objetivo general es el **propósito central** del proyecto.
▪ Objetivos específicos son complementarios **al objetivo principal** y, habitualmente, pautas para alcanzar el objetivo general.

2. De las siguientes frases, indique cuál es verdadera o falsa.

a. Un Sistema de Información de Mercado (SIM) permite conocer únicamente las características generales de potenciales clientes.

☐ Verdadero
☑ **Falso**

b. La información de mercado elimina la incertidumbre en el lanzamiento de un nuevo producto al mercado.

☐ Verdadero
☑ **Falso**

c. La investigación de mercados es una herramienta metodológica que ayuda en la toma de decisiones.

☑ **Verdadero**
☐ Falso

3. **Identifique cuál de las siguientes técnicas se corresponde con la definición que se da a continuación:**

Es una técnica muy sencilla para planificar la temporalización de un proyecto. Permite identificar cada una de las tareas a desarrollar en un proyecto y representa gráficamente el tiempo dedicado a ellas. La limitación que posee es que no muestra la interrelación entre las distintas tareas.

    a. El sistema PERT.
    b. El *ticketing.*
    c. **El diagrama de avance.**
    d. La matriz DAFO.

4. **Indique cuál de los siguientes criterios no responde al criterio de segmentación por comportamiento:**

    a. Segmentación por uso.
    b. Segmentación por sensibilidad a las acciones de *marketing.*
    c. **Segmentación demográfica.**
    d. Segmentación por la condición del usuario.

5. **Indique cuál de las siguientes actividades culturales no responde a la clasificación de servicio cultural.**

    a. Fotografía
    b. **Libros**
    c. Danza
    d. Ópera

6. **Complete las siguientes oraciones:**

La segmentación de mercado es una fase importante de todo estudio de mercado. Normalmente, el mercado es un grupo heterogéneo y diverso de consumidores con gustos, necesidades y motivaciones de compra **diferentes.**

Cuando se realiza una segmentación de mercados lo que se busca es dividir el conjunto del mercado en pequeños grupos de consumidores, o segmentos de mercado, que sean **homogéneos,** es decir, que compartan gustos y necesidades comunes, con el fin de llevar a cabo una estrategia comercial **diferenciada** para cada uno de ellos.

7. Indique, en el marco del análisis PEST, que permite analizar el entorno de las organizaciones, qué factor no está presente.

    a. Factores político-legales
    b. Factores económicos
    c. Factores geográficos
    d. Factores tecnológicos

8. Busque en la siguiente sopa de letras acciones previas en la escalera para la búsqueda de prescripción del usuario cultural.

Z	I	D	E	N	T	I	F	I	C	A	R	I
A	B	F	I	D	E	L	I	Z	A	R	M	E
S	A	A	M	Q	C	U	B	L	P	T	U	A
P	L	N	P	M	N	F	E	O	T	P	C	C
L	C	U	A	L	I	F	I	C	A	R	A	T
P	R	E	S	C	R	I	B	I	R	U	W	O
A	I	E	O	T	M	Q	S	I	L	K	F	R

  ❚ Identificar.
  ❚ Cualificar.
  ❚ Captar.
  ❚ Fidelizar.
  ❚ Prescribir.

9. ¿En qué consiste un análisis DAFO?

El análisis DAFO identifica Debilidades, Amenazas, Fortalezas y Oportunidades de una organización o entidad cultural, lo que permite evaluar un conjunto de variables externas e internas que pueden influir positiva o negativamente en un proyecto u organización.

10. Identifique cuál de las siguientes fuentes no es una fuente primaria:

    a. Observación y experimentación.
    b. Estimación de expertos.
    c. Sondeos y entrevistas.
    d. Estudios de motivaciones.
    e. Memorias de otras organizaciones.
    f. Estudios de oferta.
    g. Quejas y sugerencias de usuarios.
    h. Proveedores.

Solucionario Capítulo 2

1. **Neil Borden y Jerome MacCarthy en los años 50 definieron las 4 variables principales que constituyen el *marketing* mix.**

   De las siguientes variables, señale cuáles no se corresponden con las 4 P definidas por Borden y MacCarthy:

   a. Producto.
   b. Precio.
   c. Distribución.
   d. Proceso.

2. **Complete el siguiente texto:**

   Mientras que en el *marketing* tradicional el mercado es el punto de partida y el punto de destino, el hecho diferencial del producto cultural se refleja en que el producto es el punto de partida y el mercado el destino hacia el que se dirige.

   Se puede afirmar, por tanto, que la diferencia principal entre *marketing* tradicional y *marketing* cultural estriba en el **proceso**.

3. **Indique cuál de las siguientes formas de medición, en función de los objetivos publicitarios, no se ajusta a la realidad:**

   a. Generación de recuerdo.
   b. Negociación con los clientes.
   c. Generación de contactos o *leads*.
   d. Generación de ventas.

4. **Relacione las características que se exponen a continuación con la práctica de patrocinio o mecenazgo según corresponda:**

   a. Criterios emocionales.
   b. Donación.
   c. Gasto empresarial.
   d. Se realiza sin esperar nada.
   e. Busca beneficios.
   f. Desarrolla una estrategia comercial y empresarial precisa que rinde beneficios.
   g. Criterios racionales.
   h. No da lugar a beneficios comerciales directos.

PATROCINIO	MECENAZGO
- **Desarrolla una estrategia comercial y empresarial precisa que rinde beneficios.** - **Busca beneficios.** - **Gasto empresarial.** - **Criterios racionales.**	- **No da lugar a beneficios comerciales directos.** - **Se realiza sin esperar nada.** - **Donación.** - **Criterios emocionales.**

5. **Relacione cada una de las descripciones con la práctica a la que se refiere:**

   Prácticas realizadas por las empresas patrocinadoras:

   a. *Marketing* relacional.
   b. Database *marketing.*
   c. Publicidad.
   d. *Marketing* editorial.
   e. *Marketing* directo.
   f. *Merchandising.*
   g. Promoción.

   g. Además de proporcionar la imagen en un evento o a una organización cultural, una marca puede proponer actividades, gestionar espacios y, de esta forma, aportar añadidos al evento. Por ejemplo, Heineken, en el festival de jazz de Donosti, aporta casetas de bebidas, pinchos, etc.
   e. Ayuda a ofrecer "algo" especial a sus clientes.
   d. En este ámbito se sitúa por ejemplo la edición de catálogos, se trata de soportes que dan seriedad y solidez al proyecto.

c. Probablemente sea la más conocida y empleada y consiste en realizar una campaña específica resaltando el patrocinio.

a. Permite vincular la promoción que se está realizando en un momento dado con otra que se realizará en otros lugares. Permite realizar invitaciones especiales para otras actividades.

f. Ayuda a mostrar su producto durante un evento y distribuir muestras gratuitas.

b. Permite generar bases de datos con información general del público. Por ejemplo, repartiendo un producto gratis si el usuario rellena una tarjeta con datos u opinión sobre el evento.

6. **Complete la siguiente oración:**

La gestión estratégica de la comunicación exige a las organizaciones culturales buscar su **posicionamiento comunicativo,** es decir, definir cómo quieren ser vistas y cómo se quieren diferenciar del resto de organizaciones.

7. **En líneas generales, se pueden establecer cuatro tipos de publicidad según los objetivos que se hayan marcado. Identifíquelas en la siguiente sopa de letras:**

Z	I	D	E	R	T	I	F	I	C	A	R	D	R	I
A	B	F	R	E	C	O	R	D	A	T	O	R	I	O
S	A	A	M	F	C	U	B	L	P	T	U	A	T	A
P	E	R	S	U	A	S	I	V	A	M	D	D	O	C
L	M	Q	C	E	A	L	I	C	A	R	A	T	L	T
P	R	E	S	R	R	I	B	I	R	U	W	E	J	O
D	O	T	E	Z	L	I	J	N	E	U	A	I	H	V
A	I	N	F	O	R	M	A	T	I	V	A	Y	G	R

I Publicidad informativa.
I Publicidad persuasiva.
I Publicidad de recordatorio.
I Publicidad de refuerzo.

8. **Indique qué afirmación contenida en el siguiente párrafo sobre las acciones promocionales no se corresponde con la realidad. ¿Podría señalar cuál es la respuesta correcta?**

Las promociones tienen un efecto sobre el mercado. Habitualmente, con la puesta en marcha de la promoción, se produce un incremento en las ventas, que al finalizar ~~la acción promocional retorna a los índices anteriores a la promoción.~~

Las promociones tienen un efecto sobre el mercado. Habitualmente, con la puesta en marcha de la promoción, se produce un incremento en las ventas, mientras que al finalizar **el nivel de ventas llega incluso a estar por debajo de los índices anteriores a la promoción.**

9. **Defina qué es el *briefing*:**

El *briefing* es un documento básico de trabajo en el que quedan reflejados por escrito aquellos elementos del plan de *marketing* que se consideran necesarios para llevar a cabo la campaña.

10. **Señale si las siguientes afirmaciones son verdaderas o falsas:**

   a. El patrocinio contribuye a mejorar la imagen corporativa de la empresa y le otorga notoriedad.

      ☑ **Verdadero**
      ☐ Falso

   b. Los programas de *marketing* se desarrollan a corto y medio plazo.

      ☐ Verdadero
      ☑ **Falso**

   c. Resulta sencillo determinar el público al que va dirigida la acción patrocinada.

      ☐ Verdadero
      ☑ **Falso**

d. El patrocinio ayuda a reforzar el posicionamiento de la empresa, lo que otorga valor diferencial.

    ☑ **Verdadero**
    ☐ Falso

e. Las acciones de patrocinio producen un importante efecto multiplicador de la comunicación.

    ☑ **Verdadero**
    ☐ Falso

f. Apenas requiere inversión y los efectos quedan claramente reflejados en la cuenta de resultados.

    ☐ Verdadero
    ☑ **Falso**

Solucionario Capítulo 3

1. Señale si las siguientes afirmaciones son verdaderas o falsas.

   a. Los objetivos de la organización, los objetivos del plan de *marketing* y los objetivos del plan de comunicación son independientes entre sí.

      ☐ Verdadero
      ☑ **Falso**

   b. Las fases de control del plan de *marketing* siguen un proceso lineal:

      ▪ Análisis de los objetivos que se han planteado en el plan.
      ▪ Medida de los logros alcanzados.
      ▪ Detección de posibles desajustes y desviaciones
      ▪ Aplicación de medidas correctoras e caso de ser necesarias.

      ☐ Verdadero
      ☑ **Falso**

   c. Publicidad, promoción, venta personal, relaciones públicas o *marketing* directo deben lanzar un mismo mensaje, un mensaje atractivo, que llame la atención del cliente, sea coherente y claro.

      ☑ **Verdadero**
      ☐ Falso

2. **Según Mokwa, la comunicación satisface 3 objetivos generales. Búsquelos en la siguiente sopa de letras.**

Z	I	D	E	E	T	I	F	I	C	A	R	D	R	I
A	B	F	R	D	C	O	R	D	A	T	O	R	I	O
S	A	A	M	U	C	U	B	L	P	T	U	A	T	A
P	E	R	S	C	A	S	I	V	A	M	D	D	O	C
L	M	Q	C	A	A	L	I	C	A	R	A	T	L	T
P	O	P	E	R	S	U	A	D	I	R	W	E	J	O
D	O	T	E	Z	L	I	J	N	E	U	A	I	H	V
A	I	N	F	O	R	M	A	R	I	V	A	Y	G	R

▌ Educar.
▌ Persuadir.
▌ Informar.

3. **Las artes escénicas son productos intangibles que poseen una serie de características que las singularizan de los productos de consumo tradicionales. Señale cuál de las siguientes características no es cierta:**

 a. Unicidad: se trata de obras de arte únicas, lo que les otorga un valor intrínseco.

 b. Intangibilidad: lo que implica mayor incertidumbre y riesgo en las fases previas a la adquisición. Se trata de un riesgo psicológico.

 c. Caducidad: no se pueden almacenar para utilizarlos posteriormente.

 d. Inseparabilidad: deben ser disfrutados en el lugar propuesto por el vendedor (en un teatro, en una sala, en un museo, etc.).

 e. **Atemporabilidad: las sesiones son ilimitadas, pueden repetirse cuantas veces se desee.**

 f. Ausencia de propiedad: los usuarios únicamente tienen derecho a disfrutar del servicio.

4. El *marketing* relacional ofrece el marco teórico que mejor se adapta a las singularidades del mundo cultural, ofreciendo un modelo relacional en el que priman las relaciones instrumentales, siendo las relaciones de grupo meramente residuales.

¿Considera que esta afirmación es correcta?

No se puede considerar correcta, ya que tanto las relaciones instrumentales como las relaciones de grupo son prioritarias dentro del *marketing* relacional.

En las relaciones de grupo se hace referencia al proceso de identificación y planificación de las relaciones con los distintos colectivos y grupos de interés.

5. Los objetivos de *marketing* y los objetivos del plan de comunicación persiguen metas diferentes y, aunque deben ser coherentes entre sí, cada uno está relacionado con elementos diferentes. Señale a qué tipo de objetivos se relaciona con hábitos de consumo y ventas y cuotas de mercado:

OBJETIVOS DE *MARKETING*   ⟶   VENTAS Y CUOTAS DE MERCADO

OBJETIVOS DE COMUNICACIÓN   ⟶   HÁBITOS DE CONSUMO

6. Complete la siguiente oración:

El canal de comunicación es el medio por el que el **mensaje** llega al futuro consumidor y puede ser escrito, electrónico o **personal**, por lo que se hace necesario conocer tanto los canales que usa el público al que se quiere dirigir la propuesta como los códigos que utiliza.

7. Señale si las siguientes afirmaciones referidas al *marketing* público o *marketing* de servicios son verdaderas o falsas.

    a. En el *marketing* de servicios, el servicio está al inicio y al final del proceso de *marketing*.

        ☐ Verdadero
        ☑ **Falso**

b. El *marketing* público hace referencia al conjunto de prácticas de carácter comercial desarrolladas por Administraciones Públicas con el fin de proporcionar a la ciudadanía productos que satisfagan sus necesidades sociales.

    ☑ **Verdadero**
    ☐ Falso

c. La incorporación de estos conceptos a la gestión pública introduce la perspectiva de beneficio entendido como un incremento de los beneficios para las finanzas de las administraciones.

    ☐ Verdadero
    ☑ **Falso**

8. **Colbert 2003 propone un modelo de comunicación, el modelo AIDA, basado en cuatro parámetros. Señale el que es incorrecto.**

El modelo AIDA:

    a. A: atraer Atención
    b. I: crear Interés
    c. D: generar Deseo
    d. A: Acompañar al usuario

9. **Relacione cada una de las definiciones con la práctica publicitaria correspondiente:**

    a. Creación de videojuegos con el objetivo de publicitar una marca, un producto, una organización o una idea.
    b. Utilización de aromas con el objetivo de generar emociones o provocar estados de ánimo.
    c. Hace referencia al envase, paquete o embalaje y, en general, al conjunto de elementos que se utilizan para presentar el producto.
    d. Hace referencia a la aparición en los medios de comunicación sin que exista una relación de pago por ello. Por ejemplo, las noticias que se generan sobre una entidad o un evento cultural.
    e. Utilización del cuerpo de las personas para hacer publicidad de una marca. Gente anónima que se tatúa la imagen de una marca en su piel.

a. *Advergaming:* creación de videojuegos con el objetivo de publicitar una marca, un producto, una organización o una idea.

b. *Marketing* olfativo: utilización de aromas con el objetivo de generar emociones o provocar estados de ánimo.

c. *Packaging:* hace referencia al envase, paquete o embalaje y, en general, al conjunto de elementos que se utilizan para presentar el producto.

d. *Publicity:* hace referencia a la aparición en los medios de comunicación sin que exista una relación de pago por ello. Por ejemplo, las noticias que se generan sobre una entidad o un evento cultural.

e. *Skinvertising:* utilización del cuerpo de las personas para hacer publicidad de una marca. Gente anónima que se tatúa la imagen de una marca en su piel.

10. Identifique a qué hace referencia cada uno de los conceptos que se señalan a continuación: Medio publicitario, soporte publicitario y forma publicitaria.

■ **Medio publicitario:** hace referencia al canal por el que se realiza la comunicación: televisión, internet, prensa, radio, etc.

■ **Soporte publicitario:** el espacio específico de un determinado medio que se utiliza para realizar la comunicación: TVE1, La 6, Onda Cero, etc.

■ **La forma publicitaria:** la modalidad publicitaria que se adopta en un determinado medio: una cuña, un spot, una valla publicitaria, etc.

 Solucionario Capítulo 4

1. Señale si las siguientes afirmaciones son verdaderas o falsas.

a. Las herramientas de control deben ser siempre estables independientemente de los objetivos del plan de *marketing* o del presupuesto.

☐ Verdadero
☑ **Falso**

b. Identificar las Áreas de Resultados Clave (ARC) y los elementos que mayor incidencia van a tener en la estrategia de *marketing* es clave para la evaluación.

☑ **Verdadero**
☐ Falso

c. Es importante analizar los datos de la evaluación comparándolos con la competencia.

☑ **Verdadero**
☐ Falso

2. ¿Qué es el *benchmarking*?

El *benchmarking* o puntos de referencia es un enfoque que permite fijar metas y medidas de productividad monitoreando los logros de la organización en función de la competencia.

3. Las acciones correctoras son un mecanismo que, además de paliar desviaciones, contribuyen a la mejora de la calidad. Su función es eliminar disconformidades, eliminando o mitigando las causas que les dieron origen.

Organice cronológicamente las fases para la implantación de medidas correctoras.

a. Determinar si es necesario tomar acciones correctivas.
b. Tomar acciones correctivas.
c. Analizar las causas que están en el origen de la desviación.
d. Detectar el desajuste.
e. Aportar información y documentar la desviación.

f. Cerrar la desviación.
g. Medir la eficacia de las acciones realizadas.

a. **Detectar el desajuste.**
b. **Aportar información y documentar la desviación.**
c. **Analizar las causas que están en el origen de la desviación.**
d. **Determinar si es necesario tomar acciones correctivas.**
e. **Tomar acciones correctivas.**
f. **Medir la eficacia de las acciones realizadas.**
g. **Cerrar la desviación.**

4. **Relacione los elementos que Philip Kotler propone en su gráfico sobre el proceso de control del** *marketing.*

a. Establecimiento de objetivos.
b. Medición.
c. Diagnóstico.
d. Acciones correctoras.

b. ¿Qué está sucediendo?
c. ¿Por qué sucede?
a. ¿Qué se quiere conseguir?
d. ¿Qué se debería hacer?

5. **A cada objetivo de control se le aplica un tipo de control diferente. Señale, en función del objetivo de la evaluación, qué tipo de control se debe aplicar:**

a. Comprobar si se han alcanzado los resultados previstos.
b. Analizar qué está generando ganancias o pérdidas en la organización.
c. Valorar la eficiencia y el impacto del gasto destinado a *marketing.*
d. Analizar si la estrategia de la organización en cuanto a mercados, productos o canales es la adecuada.

TIPO DE CONTROL	OBJETIVO DE CONTROL
DEL PLAN ANUAL	Comprobar si se han alcanzado los resultados previstos.
DE RENTABILIDAD	Analizar qué está generando ganancias o pérdidas en la organización.

Continúa en página siguiente >>

<< Viene de página anterior

DE EFICIENCIA	Valorar la eficiencia y el impacto del gasto destinado a *marketing*.
ESTRATÉGICO	Analizar si la estrategia de la organización en cuanto a mercados, productos o canales es la adecuada.

6. **Complete el siguiente texto:**

Durante la ejecución de un proyecto es habitual que se tengan que modificar los **presupuestos,** por lo que es conveniente que se realice un seguimiento y actualización.

Las estimaciones permiten valorar previamente el impacto de dichos cambios y desarrollar **estrategias de contingencia** para minimizar los efectos negativos que puedan tener.

7. **Existen diferentes tipos de evaluación. Localice 4 tipos diferentes:**

O	I	D	E	X	P	E	R	I	M	E	N	T	A	L
P	B	F	R	V	C	O	R	D	A	T	O	R	I	O
I	A	A	M	E	C	U	B	L	P	T	U	A	T	A
N	O	R	E	F	L	E	X	I	V	A	M	D	O	C
I	M	Q	C	A	B	C	T	E	S	C	A	T	L	T
O	O	T	R	A	N	S	V	E	R	S	A	L	J	O
N	O	T	E	Z	L	I	J	N	E	U	A	I	H	V
A	I	T	U	V	J	O	L	E	I	V	A	Y	G	R

   ▮ Experimental.
   ▮ Opinión.
   ▮ Reflexiva.
   ▮ Transversal.

8. **La necesidad de evaluar los resultados de los proyectos culturales hace imprescindible el manejo de indicadores. Enumere las funciones principales de los indicadores:**

Simplificar, cuantificar y comunicar.

9. **Los indicadores deben cumplir una serie de criterios. El acrónimo SMART hace referencia a los criterios principales. ¿Cuáles son?**

  ▮ *Specific:* específicos, claros, concretos y detallados.
  ▮ *Measurable:* medibles, cuantificables.
  ▮ *Agreed to:* acordados, consensuados, aceptados.
  ▮ *Realistic:* realistas, posibles, alcanzables.
  ▮ *Time constrained:* limitado o acotado en el tiempo.

10. **Existen diferentes técnicas de análisis de la información. Relacione cada una de las técnicas que se exponen a continuación con el método de análisis al que pertenecen:**

  a. Los métodos estadísticos clásicos.
  b. El análisis multivariante de la información: los métodos de interdependencia.
  c. El análisis multivariante de la información: los métodos de dependencia.

  b. Análisis de componentes principales.
  a. Distribuciones de frecuencias.
  a. Medidas de tendencia central.
  b. Análisis multidimensional no métrico.
  c. El análisis conjunto.
  c. Los modelos Logit.
  a. Medidas de dispersión.
  b. Análisis de clasificación.
  c. Regresión mínimo cuadrática.
  c. El modelo Cangihem.
  b. Los métodos factoriales.
  b. Análisis factorial de correspondencias.
  b. Análisis de correspondencias múltiples.
  c. El análisis discriminante.